SITZUNGSBERICHTE DER SÄCHSISCHEN AKADEMIE
DER WISSENSCHAFTEN ZU LEIPZIG

Philologisch-historische Klasse
Band 118 · Heft 2

ROLF LIEBERWIRTH

DIE HISTORISCHE ENTWICKLUNG DER THEORIE VOM VERTRAGLICHEN URSPRUNG DES STAATES UND DER STAATSGEWALT

AKADEMIE-VERLAG · BERLIN

1977

Vorgetragen in der Sitzung am 18. März 1974
Manuskript eingeliefert am 24. Juli. 1975
Druckfertig erklärt am 7. März. 1977

Erschienen im Akademie-Verlag, 108 Berlin, Leipziger Str. 3–4

Lizenznummer: 202 · 100/295/77
Gesamtherstellung: VEB Druckhaus „Maxim Gorki", 74 Altenburg
Bestellnummer: 753 133 5 (2026/118/2) · LSV 0415
Printed in GDR
DDR 5,– M

I

Die Herausbildung großer politischer Gemeinschaften in den frühesten Kulturen der Menschheit löste bald politisch-theoretische Erörterungen über ihr Wesen und über die in ihnen bestehenden Herrschaftsverhältnisse aus. Seither sind Politiker, Philosophen, Theologen und Juristen diesen Fragen immer wieder nachgegangen und haben Lehren entwickelt, um die zu ihrer Zeit bestehende Herrschaftsordnung zu rechtfertigen oder zu mißbilligen und damit zu bekämpfen. Im Verlaufe von zwei Jahrtausenden entstanden daraus eine Fülle von Theorien über einen politischen Organisationstyp, der erst seit dem 16. Jh. mit dem Wort Staat gekennzeichnet wurde.[1] Spezieller Untersuchungsgegenstand waren lange Zeit Entstehung, Wesen und Zweck des Staates, um hier einmal eine von der älteren bürgerlichen Staatslehre herausgearbeitete Systematisierung zu übernehmen; auch die Ausübung der Staatsgewalt war häufiger Gegenstand wissenschaftlicher Bearbeitung. Unter den vormarxistischen europäischen Theorien über den Ursprung des Staates oder über seine Rechtfertigung erlangte die Vertragstheorie in allen ihren Spielarten die wohl umfassendste und nachhaltigste Bedeutung. Diese Theorie geht — ganz allgemein und vereinfacht ausgedrückt — von der Vorstellung aus, daß sich die Menschen ursprünglich durch eine Vereinbarung, durch einen Vertrag zu einer organisierten Gesellschaft zusammengeschlossen haben, in der die Ausübung der Herrschaftsgewalt ebenfalls vertraglich geregelt ist. Ihr liegt also eine der modernen Anschauung entgegengesetzte Betrachtung zugrunde, daß es vor und über dem Staat mit dem Naturrecht schon eine Rechtsordnung gab, die ihn geschaffen habe, daß der Staat demnach ein Produkt des Rechtes sei.[2] Ob derartige Vereinbarungen in den Anfängen der frühesten politischen Gemeinwesen, beim „Urstaat" tatsächlich eine bestimmende Rolle gespielt haben und ob ihnen schon ein so strenger Rechtscharakter beigemessen werden kann, ist nach unseren heutigen Erkenntnissen sehr zu bezweifeln.[3] Immerhin entwickelten sich aus einer solchen Anschauung eine Vielzahl von Fragen, zu deren Lösung die ursprünglich selbständigen Elemente der neuzeitlichen Vertragstheorie, die Lehre vom Gesellschaftsvertrag und die vom Herrschaftsvertrag, beitragen sollten.[4] Der Gesellschaftsvertrag wird gemeinhin mit Rousseaus contract social in Verbindung gebracht, ja sogar vom gebildeten Laien mit ihm identifiziert. Zweifellos muß Rousseaus Lehre vom Gesellschaftsvertrag, mit der er zum theoretischen Wegbereiter der Französischen Revolution wurde, als der Kulminationspunkt dieser Theoriengruppe bezeichnet werden.[5] Es darf jedoch dabei nicht übersehen werden, daß wesentliche Bestandteile seiner Lehre auf Gedanken beruhen, die in dieser oder ähnlicher Form schon von antiken und mittelalterlichen Schriftstellern bis hin zu Rousseaus Zeitgenossen geäußert wurden, und daß er erst in Auseinandersetzung oder Verwertung älterer Argumente sein System vom Gesellschaftsvertrag zu dieser Höhe führen konnte. Um das von Rousseau geschaffene Modell, insbesondere auch seine Idee von der Volkssouveränität und ihre Wirkungen auf die frühere und zum Teil noch auf die gegenwärtige Staatenpraxis verstehen zu können, ist es immer wieder notwendig, sich über die Bestandteile der Vertragstheorie, über ihre Ursprünge, über ihre historischen Bezüge sowie über ihr Verhältnis zu den anderen, umfassenderen Theorien und zu wichtigen Begriffen der ideologischen Herrschaftsbegründung[6], wie Gottesgnadentum, Widerstandsrecht, Trennung von Person und Amt des Herrschers, mit denen gleichzeitig und dabei sogar noch zwingender operiert wurde, Klarheit zu verschaffen, zumal die Einzelforschung inzwischen zu weiteren beachtlichen Ergebnissen gelangte.[7]

II

Die Hauptelemente der Vertragstheorie sind grundsätzlich zwei Verträge: ein Vertrag über den Zusammenschluß der Individuen zum Staat (Gesellschaftsvertrag) und ein weiterer über die Ausübung der Staatsgewalt im Staat (Herrschaftsvertrag). In der logischen Reihenfolge muß der Gesellschaftsvertrag dem Herrschaftsvertrag vorangehen. Im äußersten Fall könnte am Anfang Gleichzeitigkeit vorliegen, niemals aber die Entstehung des Herrschaftsvertrages dem Gesellschaftsvertrag vorangehen. Diese Überlegung setzt aber schon eine ausgereifte Vertragstheorie voraus. Die historische Wirklichkeit sah zunächst ganz anders aus. Die antiken Vertragstheorien vom Ursprung des Staates handelten nur vom Gesellschafts- oder Vereinigungsvertrag. Die Konstruktion des Herrschaftsvertrages wurde nicht benötigt.[8] Für die mittelalterlichen Anfänge der Vertragstheorie war es dagegen unter den gegebenen Verhältnissen durchaus logisch, nur die den Herrschaftsvertrag[9] betreffenden Fragen zum Gegenstand theoretischer Erörterungen zu machen. Es sollten noch Jahrhunderte vergehen, ehe der Gesellschaftsvertrag in diesen Themenkomplex einbezogen wurde, um dann aber auch bald eine entscheidende Rolle zu spielen.[10] Daraus kann zunächst entnommen werden, daß zwischen der antiken und der neuzeitlichen Vertragstheorie keine Kontinuität besteht, und daß der Ursprung des Staates und der Herrschaftsgewalt im Staat von der Logik der politischen Zielsetzungen und Zweckmäßigkeiten bestimmt werden.[11] Nichts beweist das eindringlicher als die Tatsache, daß die frühesten mittelalterlichen Vorstellungen vom vertraglichen Ursprung der Staatsgewalt in einer Zeit hartnäckiger Auseinandersetzungen um die allumfassende politische Macht deutlicher in Erscheinung traten. Es ist der große Kampf zwischen Kaisertum und Papsttum um die Vorherrschaft im christlichen Universalreich, der unter dem Begriff Investiturstreit nur unvollkommen erfaßt werden kann.

Dieses gewaltige Ringen, das seit den siebziger Jahren des 11. Jh. die politische Entwicklung im Mittel- und Südeuropa bestimmte, spielte sich in ganz entscheidendem Maße auch auf geistiger Ebene ab, wobei es den beteiligten Parteien darauf ankam, ihre jeweiligen Handlungen und Maßnahmen ideologisch zu rechtfertigen. Auf diese Weise entstand eine umfangreiche Streitschriftenliteratur. Zunächst und in überwiegendem Maße bewegten sich die Autoren beider Seiten auf dem Boden kirchlicher Lehrtradition; sie unterschieden sich im wesentlichen nur in der Auslegung von Bibel und kanonischem Recht.[12] Daraus entwickelte jede Interessengruppe eine eigene Staatsauffassung. Auch die Staatsauffassungen der Gregorianer und der mit ihnen verbündeten Fürstenoppositionen wichen in bezug auf ihr theoretisches Fundament von einander ab, trafen sich jedoch, wenn es darum ging, die Grundlagen der weltlichen Zentralgewalt zu erschüttern.[13] Erst später spielte in diese geistige Auseinandersetzung ein weltliches Element, die Vorstellung vom vertragliche Ursprung der Staatsgewalt mit hinein.

Im Kampf der beiden Universalmächte um die politische Vormachtstellung legte die Kirche die seit vielen Jahrhunderten bewußt und besonnen eingehaltene Zurückhaltung gegenüber dem Träger der weltlichen Macht ab.[14] Gregor VII., der „heilige Satan", wie er von seinem Freund Petrus Damiani bezeichnet wurde[15], verband geschickt das weltliche Widerstandsrecht, das von germanischen Völkerschaften entwickelte Notrecht gegen einen das Recht mißachtenden Herrscher, welches zur Begründung der Fürstenempörung gegen Kaiser Heinrich IV. herangezogen worden war, mit dem seit dem 4. Jh. auf der Grundlage der Tyrannus-Lehre theoretisch entwickelten, aber praktisch kaum angewandten kirchlichen Widerstandsrecht, um mit einer zielbewußten Untergrabung der Staatsgewalt die Befreiung der Kirche (Libertas ecclesiae) vom Staat, vom Reich anzustreben, das in der ersten Hälfte des 11. Jh. als Imperium Romanum, als Imperium Christianum und als Imperium mundi angesehen wurde.[16] Gregor VII. versuchte die für die Menschen jener Zeit ungeheure Vorstellung durchzusetzen, daß die kirchliche Obrigkeit die Untertanen zum Ungehorsam gegenüber dem Kaiser, dem weltlichen Haupt der Christenheit, verpflichten konnte. Die Verteidiger des Kaisertums mußten dieser gefährlichen Auffassung mit möglichst durchschlagenden ideologischen Mitteln entgegentreten. Sie reichten von der Betonung der Gottesunmittelbarkeit des Kaisers und seiner Herrschaft, über seine Unrichtbarkeit und Unantastbarkeit[17] bis zur Lehre von der rechtlichen Unverantwortlichkeit des Herrschers[18], wobei sich die Parteigänger des deutschen Königs und Kaisers während der ersten Jahre des Investiturstreites, bis etwa 1080, in ihrer Beweisführung ausschließlich auf theologische Argumente stützten, um im Streit um das kirchliche Widerstandsrecht bestehen zu können. Es zeigte sich bald, daß diese Argumente allein nicht ausreichten, weshalb sie ab 1081 durch juristische ergänzt wurden, die nicht zufällig im Exarchat Ravenna entstanden.[19] So zog der erste Kaiserjurist[20], Petrus Crassus aus Ravenna, 1084 in seiner Verteidigungsschrift für Heinrich IV.[21] auch das römische Recht heran, um den Beweis für die Erblichkeit der Kaiserwürde zu führen.[22] Ebenfalls aus Ravenna stammte der am weitesten in die Zukunft weisende Versuch der kaiserlichen Partei, eine gesicherte ideelle Grundlage für die weltliche Macht zu schaffen. Um das Jahr 1084 wurden dort eine Reihe gefälschter Investiturprivilegien hergestellt,[23] aus denen hervorgehen sollte, daß die Kaiser Karl der Große und Otto I. von den Päpsten Hadrian I. und Leo VIII. sehr weitreichende Vorrechte hinsichtlich Papstwahl und Bischofsinvestitur erhalten hätten.[24] Das begründet der anonyme Verfasser im Hadrianum für Karl den Großen und im Privilegium maius Leos VIII. für Otto I. sehr ausführlich, wobei er besonders auf die theoretischen Grundlagen der Herrschaft eingeht und dabei den christlich-theoretischen Argumenten über das Herrscheramt ein weltliches hinzufügt, das sich mit der anerkannten und praktizierten Lehre Gregors des Großen trifft, Gott habe die Königsgewalt wegen des Willens des Volkes, propter voluntatem populi, wenn auch nicht eingesetzt, so doch sanktioniert.[25] Das neue Argument besagt ganz allgemein, daß das Volk Quelle aller Macht sei, und daß das Volk seine Macht dem Herrscher übertragen habe. Diese Anschauung geht auf die sogenannte Lex regia[26] des römischen Staatsrechtes zurück. Der Fälscher paßte sie geschickt den politischen Gegebenheiten seiner Zeit an und erweiterte sie im kaiserlichen Sinne dahingehend, daß die Machtübertragung eine einmalige und unwiderrufliche, also eine Machtentäußerung gewesen sei. „Niemand kann sich selbst zum König machen, sondern das Volk hat zunächst den zum König gewählt, den es wollte. Nachdem aber der König eingesetzt war, hatte er Gewalt in allem, und jetzt vermag das Volk sein Joch nicht mehr vom Nacken abzuschütteln. Es liegt nicht mehr in der Macht des Volkes, den ernannten König aus der Herrschaft zu vertreiben, und so wird der freie Wille des Volkes hernach in eine Notwendigkeit verwandelt."[27] Damit wurde allerdings die Grundauffassung der Lex regia insofern verfremdet, als mit ihr die dem römischen Staatsrecht unbekannte Vorstellung von der Unabsetzbarkeit des Königs[28] verknüpft wurde. Trotzdem kann festgestellt werden, daß das sich um diese Zeit neubelebende römische Recht schon früh in die politischen Auseinandersetzungen eingriff, daß es jedoch die festgefügten theologischen Anschauungen noch nicht entscheidend erschüttern konnte. Das Lex-Regia-Argument blieb zunächst unbeachtet, und das sicher nicht so sehr aus dem Grunde, daß sich die Nachfolger Heinrichs IV. kaum zu der Auffassung durchringen konnten, das Volk könne ihnen die Herrschaft übertragen,[29] sondern wohl eher auf Grund der Tatsache, daß die anderen, sehr zahlreichen Argumente der ideologischen Herrschaftsbegründung dem Zeitverständnis wesentlich näher lagen als die Lex-Regia-Theorie, die sich im übrigen für die Parteigänger des Kaisers keineswegs als besonders vorteilhaft erwiesen hatte. Es fand sich sehr schnell ein Gregorianer, der mit demselben juristischen Beweismaterial ein völlig entgegengesetztes Ergebnis erzielen konnte.

Der deutsche Mönch Manegold von Lautenbach († nach 1103)[30] erkannte sofort, daß die Grundauffassung der lex regia verfälscht worden war, daß dieser nämlich nur die Übertragung zu entnehmen sei. In einer der gehässigsten antikaiserlichen Schriften jener Zeit, im Liber ad Gebehardum (um 1084), versuchte Manegold mit Hilfe eines primitiven Beispiels aus dem Dienstrecht und nicht etwa aus dem viel näher liegenden Lehnrecht die Stellung des weltlichen Herrschers bewußt herabzuwürdigen. Sinngemäß führte er aus: Wer kann das Volk daran hindern, mit dem Herrscher so zu verfahren, wie der Bauer mit dem Schweinehirten, den er vom Hofe jagt, wenn er untreu ist, und ihn nicht etwa ein Leben lang füttert.[31] Damit hat Manegold von Lautenbach aus der lex regia ein Vertragsverhältnis zwischen Volk und Herrscher herausgelesen,[32] das zwar ebenfalls nicht der römischen Grundauffassung, aber durchaus den mittelalterlichen Herrschaftsverhältnissen entsprach, da das gesamte Lehnssystem, die typische Organisationsform der mittelalterlichen Staatsgewalt, letztlich auf vertraglicher Grundlage aufgebaut war. Die Vertragskonstruktion ließ Manegold folgerichtig zu dem Ergebnis gelangen, daß die Machtübertragung vom Volk auf den Herrscher keine einmalige und endgültige gewesen sei, sondern daß das pactum, wenn der Herrscher seinen Vertragspflichten nicht nachkommt, aber eben auch nur dann, gelöst und ihm damit vom Volk die Macht wieder entzogen werden kann. Nun darf allerdings nicht übersehen werden, daß es Manegold nicht in erster Linie um die Ausdeutung der lex regia ging. Er wollte mit ihrer Hilfe gegen ein Hauptargument der Henricianer, gegen das von der Unverletzbarkeit des Herrschers ankämpfen, indem er die kirchliche Theorie von der Unterscheidung des unantastbaren geistlichen Amtes und der mit Schwächen behafteten Person seines Inhabers auf das Königtum übertrug, womit er zum Begriff einer von der Person des Königs getrennten Staatsgewalt vordrang.[33] Aus Manegolds Beweisführung aber gleichzeitig auch die mittelalterlichen Anfänge der Volkssouveränitätslehre herzuleiten, wie das immer wieder geschieht,[34] geht in der Endkonsequenz zu weit.[35] Die Grundtendenz von Manegolds Schrift war ganz allgemein darauf gerichtet, die Rechte des weltlichen Herrschers zugunsten des Papsttums entscheidend einzuschränken. Ihm lag völlig fern, für die Interessen des Volkes etwa im Sinne der gesamten oder eines erheblichen Teiles der Bevölkerung einzutreten und dafür neue staatstheoretische Grundsätze zu entwickeln. Manegold war wohl auch nicht die Persönlichkeit dazu.[36] Die Mißdeutung seiner Lex-Regia-Argumentation liegt vermutlich auch darin begründet, daß sein populus-Begriff zu sehr unter modernem Blickwinkel betrachtet wurde. Obwohl Untersuchungen über den genauen Inhalt dieses Begriffes im 11. Jh. und 12. Jh. noch ausstehen, kann den zeitgenössischen Quellen[37] immerhin so viel entnommen werden, daß unter Volk ganz allgemein ein sozial gehobener Kreis, von Manegold speziell die principes verstanden wurden.[38] Partner des Herrschaftsvertrages, wie ihn Manegold sah, waren demnach der König auf der einen Seite und die Fürsten auf der anderen. Beide standen sich zwar unter den gegebenen politischen Verhältnissen als unerbittliche Gegner gegenüber, waren aber Vertreter der herrschenden Klasse. Aus dieser Konstellation kann nicht ernsthaft eine echte Souveränität des Volkes hergeleitet werden. Es steht allerdings außer Frage, daß mit dieser Konstruktion des Herrschaftsvertrages die geeignete Form gefunden war, in deren Rahmen sich in den folgenden Jahrhunderten neben Lehren eines extremen Absolutismus auch die Volkssouveränitätslehre wirkungsvoll entwickeln konnte. Am Ende des 11. Jh. wurden die Diskussionen um den Ursprung der Herrschaft nicht im Interesse des Volkes geführt, sondern sie bezogen sich ausschließlich auf das deutsche Königs- und christliche Kaisertum, dessen göttliches Mandat auch dann noch unbestritten blieb, als über die lex regia die Berufung auf einen Volksauftrag möglich wurde, der aber noch nicht als Alternative, sondern nur als besondere Form zur Verwirklichung des göttlichen Willens aufzufassen war.[39] Auch zur Zeit der frühen

Staufer, als die Fürstenwahl in den Vordergrund trat, und noch im 13. und 14. Jh. wurde das göttliche Mandat und irdische Herrschaftsvermittlung als eine Einheit und nicht als Gegensatz gesehen.[40]

Es ist festzuhalten: In der Publizistik des 11. Jh. tauchte erstmalig und zunächst nur vorübergehend der Gedanke auf, daß die Herrschaftsgewalt des deutschen Königs- und Kaisers auf vertraglicher Basis beruhe. Er war jedoch wie seine juristische Grundlage, die lex regia des römischen Staatsrechts, nur eines unter vielen Argumenten der ideologischen Herrschaftsbegründung und sollte ebenso wie diese als agitatorisches Mittel für die politische Auseinandersetzung zwischen Kaisertum und Papsttum dienen. Da diese Machtkämpfe auch in den folgenden Jahrhunderten die politische Szene beherrschten, erhebt sich nun die Frage, ob und welche Rolle der Herrschaftsvertrag entweder noch als rein agitatorisches oder doch schon als staatstheoretisches Argument im politischen Leben des 12. und 13. Jh. gespielt hat, und ob er in die sich seit Anfang des 13. Jh. entwickelnde gelehrte Staatsphilosophie Aufahme fand, in welche die alten theologischen und gewohnheitsrechtlichen Überlieferungen sowie die emporblühende rechtstheoretische Arbeit der Glossatoren und Kanonisten einflossen.[41] Dabei ist der Interpretation der Lex-Regia-Konstruktion besondere Aufmerksamkeit zu schenken.

III

Die Italienpolitik der deutschen Kaiser und die damit verbundenen Romzüge ließen schon früh, besonders dann aber unter den Staufern, eine enge Verbindung zwischen Kaisertum und der neuentstandenen Rechtswissenschaft aufkommen. Die Juristen der Rechtsschule von Bologna fanden im Kaiser den Dominus mundi, von dem ihr Gesetzbuch sprach. Die kaiserlichen Politiker ihrerseits fanden in der Lehre der Legisten Rechtsgrundsätze vertreten, welche geeignet erschienen, die imperiale Machtpolitik der Staufer zu rechtfertigen;[42] denn die von den italienischen Rechtslehrern wissenschaftlich erforschte Kodifikation des oströmischen Kaisers Justinian spiegelt eine Staatsordnung wider, die dem Herrscher eine absolute, von der Kirche unabhängige Macht zugestand, welche auf folgenden Prinzipien beruhte: 1. die kaiserliche Gewalt, das Imperium[43], ist unmittelbar von Gott; 2. der Kaiser ist der Herr der Welt; 3. der Kaiser hat als römischer princeps eine umfassende Gewalt aus der lex regia; 4. der Kaiser hat das Recht, Gesetze zu erlassen und auszulegen, ohne selber dem positiven Recht unterworfen zu sein; 5. das Imperium ist ewig; 6. die Person des Kaisers ist unverletztlich und durch Bestimmungen über das Crimen laesae maiestatis geschützt. Diese Grundsätze des römischen Staatsrechts waren für das staufische Kaisertum sehr günstig, weshalb sie unmittelbaren Eingang in die kaiserliche Politik für die Auseinandersetzungen mit dem Papst und lokalen Gewalten Italiens sowie unter Friedrich II. in die Gesetzeskodifikation für das normannisch-staufische Königreich Sizilien[44] fanden. Auf die lex regia und auf den Herrschaftsvertrag bezogen, bedeutete das für die machtpolitischen Kontrahenden eine verstärkte theoretische Auseinandersetzung mit diesen Problemen im Verlaufe des 12. und der folgenden Jahrhunderte, wobei sich der Schwerpunkt des Streites erneut auf die Frage konzentrierte, ob die vom römischen Volk auf den princeps vollzogene translatio imperii[45] eine endgültige und unwiderrufliche Veräußerung, durch die das Volk für immer auf seine Macht verzichtet habe, oder bloß eine Einräumung des Gebrauchs (concessio) sei, durch die das Imperium des römischen Volkes der Substanz nach unberührt blieb.[46] Schon die frühen Legisten nahmen dazu Stellung. Während der berühmte Begründer der Glossatorenschule, der Bologneser Jurist Irnerius († nach 1118), der nicht weniger anerkannte Rogerius († nach 1162) und der Begründer der Rechtsschule von Montpellier, Placentinus († 1192), die Übertragung der Staatsgewalt vom Volk auf den Herrscher als unwiderruflichen Akt ansahen, vertrat der Glossator Hugolinus († um 1220) um die Wende des 13. Jh. die Ansicht, daß zwischen Volk und Herrscher ein Auftragsverhältnis bestehe.[47] Nun darf aber nicht übersehen werden, daß die wissenschaftliche Arbeit der Glossatoren im wesentlichen aus Wort- und Sacherklärungen unter Verweisung auf parallele und entgegenstehende Textstellen bestand, was zwar einige Grundprinzipien des römischen Staatsrechts besser erkennbar werden ließ, aber noch keine Beziehungen zu den zeitgenössischen Staatsauffassungen herstellte. Wenn eine Reihe berühmter Legisten im 12. und 13. Jh. für die imperiale Politik der Staufer Partei ergriffen und das römische Staatsrecht zugunsten des Kaisertums einzusetzen halfen, so bedeutet das zunächst nur, daß die aus der lex regia entwickelten, gegensätzlichen Positionen, die Unwiderruflichkeit der Herrschaftsübertragung vom Volk auf den princeps einerseits und der Herrschaftsvertrag andererseits, in der politischen Argumentation zwischen Kaiser und Papst in dieser Zeit weiterhin eine, wenn auch unterschiedliche und zum Teil auch untergeordnete Rolle spielten.

Den streitenden Parteien ging es um die Wende zum 13. Jh. immer mehr darum, die eigene Position schon vom Theoretischen her ins Absolute zu steigern. Für den Kaiser kam es deshalb mehr denn je darauf an, die Unabhängigkeit und Unwiderruflichkeit seiner Herrschaft zu betonen und zu sichern. Einen Höhepunkt bedeutete in dieser Hinsicht der Liber Augustalis

Friedrichs II., der mit diesem Gesetzbuch für das Königreich Sizilien an den Absolutismus des spätrömischen Reiches anknüpfte, indem er auf der Grundlage der lex regia für sich auch die Rechte eines Gesetzgebers beanspruchte.[48] Die Päpste ihrerseits konnten sich seit Alexander III. auf die vollausgebildete Lehre von der päpstlichen Universalgewalt im Geistlichen wie im Weltlichen stützen,[49] nach der sie sowohl die Stellung eines Gesetzgebers und Herrn der Kirche einnahmen als sich auch jederzeit Eingriffe in die weltlichen Angelegenheiten vorbehalten konnten. Allerdings hing die praktische Verwirklichung ihrer Pläne nicht unwesentlich davon ab, wie es ihnen gelang, die zahlreichen sich konsolidierenden Herrschaftsgewalten innerhalb und außerhalb des Reiches gegen den Kaiser einzunehmen. Deshalb wurden von der kurialen Praxis und von der Kanonistik alle die Rechte des Kaisers einengenden Lehren unterstützt, wie die immer bedeutsamer werdende Lehre von der Souveränität der Könige gegenüber dem Kaiser (rex imperator in regno suo superiorem in temperalibus non recognoscit),[50] die speziell auf Frankreich bezogen, in dem Schreiben „Per venerabilem" Papst Innozenz' III. an den Grafen von Montpellier schon 1202 zum Ausdruck kam und zu einer kirchlichen Rechtsgrundlage wurde.[51] Einengend wirkte ferner die hier besonders interessierende Lehre von der vertragsmäßigen Gebundenheit des Herrschers an das „Volk", für die zwar auch eine Reihe von Legisten, aber eben nicht alle eintraten. Es überrascht daher nicht, daß sich in der Glossa ordinaria des Accursius im 13. Jh. Meinung und Gegenmeinung in der Auslegung der lex regia unentschieden gegenüberstanden.[52] Und so konnten sich auch später Juristen der verschiedensten politischen Interessengruppen auf die Glosse berufen. Zunächst ergaben sich aber einige zwingende Schlußfolgerungen sowohl für die Anhänger einer uneingeschränkten Herrschersouveränität als auch für die Vertreter einer im wesentlichen noch unter dem Blickpunkt der Monarchie gesehenen Staatsgewalt des „Volkes". Sie wie außerdem noch die Vertreter vermittelnder Richtungen kamen nicht an der Überlegung vorbei, daß das Volk in beiden Fällen ursprünglich einmal die Herrschaftsgewalt allein besessen haben und, wenn es Rechte übertragen kann, eine handlungsfähige Rechtspersönlichkeit gewesen sein mußte. Ebenso nahe lag für einen Juristen der Schluß, daß die Übertragung auf der Grundlage eines Vertrages, Unterwerfungsvertrag oder Herrschaftsvertrag, erfolgt sein müsse. Diese logischen Erwägungen führten zu einer stärkeren Beachtung der Vertragsnatur im Verhältnis Volk — Herrscher[53], zwangen aber auch zu einer intensiven Betrachtung des Zustandes vor der Übertragung der Staatsgewalt. Der Blick richtete sich dabei zwangsläufig zurück auf den Ursprung des Staates selber, wobei dann eben auch die Beziehung zu den herrschenden theologisch-philosophischen Anschauungen hergestellt werden mußte, und das umso mehr, als auch in diesem Bereich mit der Aristoteles-Rezeption[54] eine intensivere Einflußnahme antiken Geistesgutes eingesetzt hatte.

Bisher galt unumstritten Augustinus (354—403)[55] als christliche Autorität sogar in staatstheoretischen Fragen. Seine unter dem Eindruck der politischen Verhältnisse des zerfallenden römischen Reiches und auf der Grundlage antiker und biblischer Anschauungen im „Gottesstaat“ entwickelten Gedanken über den irdischen Staat sind aber ebenso vielfältig wie vieldeutig,[56] so daß sich im Laufe der Zeit bis in die Gegenwart hinein äußerst kontroverse Theorien auf das Zeugnis Augustins berufen konnten. Und so griffen auch schon die am Investiturstreit beteiligten Parteien auf augustinische Argumente zurück, um sowohl die göttliche Stiftung des Staates als auch seinen sündhaften Ursprung zu beweisen.[57] Schließlich gewann eine sehr vereinfachende Ausdeutung der „augustinischen Staatslehre“[58] vorübergehend die Oberhand, daß ursprünglich ein staatenloser Naturzustand bestanden habe, in dem das Zusammenleben der Menschen durch das Naturrecht geregelt war, und daß der irdische Staat als Folge des Sündenfalls mit einem Makel behaftet sei, der nur dadurch beseitigt werden kann, daß sich der Staat in den Dienst Gottes stelle, sich also der Kirche unterordne.[59] Allerdings blieben damit viele Einzelheiten aus Augustins Betrachtungen über den Staat und über die Pflichten eines Herrschers im Staat unberücksichtigt, obwohl gerade sie mit den späteren Fürstenspiegeln eine ganze Literaturgattung entstehen ließen.[60] Auch seine vereinzelten Hinweise auf den Gesellschaftsvertrag und die Andeutungen des Herrschaftsvertrages, die der erste Vermittler aristotelischen Gedankengutes in seine allgemeinen Darstellungen einfließen ließ,[61] blieben zunächst unbeachtet. Erst der Zusammenprall der aristotelisch-averroistischen Gesellschaftslehre mit dem philosophischen Augustinismus im 13. Jh.[62] löste Untersuchungen aus, welche nunmehr die Konstruktion des antiken Gesellschaftsvertrages in die Überlegungen einbezogen, wobei es gar nicht so abwegig erscheint, daß Ansätze in diese Richtung schon Mitte des 12. Jh. im Policraticus des John von Salisbury († 1180) angedeutet und über Helinand von Froidemont (um 1200) in die Pariser Fürstenspiegel-Konzeption des Vincenz von Beauvais († um 1264) übernommen worden sind[63].

Als Mitte des 13. Jh. mit der Politica das letzte Hauptwerk des Aristoteles ins Lateinische übersetzt wurde,[64] und dieser Philosoph nach und nach zur höchsten von der Kirche anerkannten Autorität des Mittelalters auf philosophischen und anderen wissenschaftlichen Gebieten aufstieg, mußten sich Vertreter der Scholastik auch mit zwei für die Entwicklung der Staatstheorie wichtigen Begriffen des Aristoteles auseinandersetzen, mit der communitas perfecta[65], dem vollkommenen Gemeinwesen, und mit dem Begriff des animal sociale, des gesellschaftsgebundenen Menschen[66]. Damit wurden Fragen nach dem Ursprung der polis und besonders des Staates als der communitas perfecta unter den vielen damals schon bestehenden Herrschaftsverbänden ebenso aufgeworfen wie nach dem Träger der Herrschaft in einem solchen Gemeinwesen. Die Verbindung der mittelalterlich-kirchlichen Tradition mit den Lehren des Aristoteles stellte Thomas von Aquino (1225—1274)[67] her. In Auseinandersetzung mit den bedeutenden zeitgenössischen Auffassungen jüdischer und arabischer Gelehrsamkeit,[68] speziell mit der aristotelischen Philosophie in der Interpretation des Averroes (Ibn Ruschd)[69] verarbeitete Thomas in seiner Summa Theologiae (1265 bis 1273) das Gedankengut der aristotelischen Politica und der Ethica Nicomachea zu einer neuen und nachhaltig wirksamen allgemeinen Rechtslehre für die katholische Kirche.[70] Und in seinen unvollendet gebliebenen Fürstenspiegel (de regno oder de regimine principum ad regem Cypri) zeigte er um 1265 auf, wie die Politica des Stagiriten für die Staatstheorie fruchtbar gemacht werden konnte.[71] Für die spätere Lehre vom Gesellschaftsvertrag ist in diesem Zusammenhang wichtig, daß Thomas in seine Betrachtungen die Möglichkeit eines vertraglichen Ursprungs des Staates und der Herrschaft im Staat einbezog.[72] Menschliche Tätigkeit begründet den Staat; das Volksganze ist der Substanz nach Träger der Souveränität, die wiederum vom Beauftragten ausgeübt wird. Diese so modern anmutenden Thesen sind jedoch bei Thomas durch die mittelalterliche Distinktion von causa proxima und causa remota mit der augustinischen Ableitung des Staates aus Gott als Schöpfer verbunden.[73] Solange der Papst als Statthalter Christi auf Erden, als vicarius Petri, Christi, Dei galt[74] und die Auffassung von der päpstlichen Universalherrschaft wenigstens theoretisch aufrecht erhalten werden konnte, wie in der zweiten Hälfte des 13. Jh., solange blieb die Anschauung vom Staat als „Sache des Volkes“ unlösbar mit dem scholastischem Lehrsystem verknüpft, solange besaß sie noch keine Selbständigkeit. Doch schon der leiseste Zweifel an der Stellung des Papstes, an seiner politischen Herrschaft konnten die aristotelischen und die legistischen Argumente in Richtung auf eine konsequente Volkssouveränitätslehre freisetzen. Zunächst aber führten die Schüler des Thomas von Aquino seine Gedanken weiter, versuchten sie aber noch mehr mit den Zeitverhältnissen in Einklang zu bringen.

Ägidius Romanus (1245—1316)[75] zieht in seinem, Philipp dem Schönen als Kronprinzen gewidmeten Fürstenspiegel de regimine principum (ca. 1277) aus der Vielzahl konkreter Staaten den Schluß, daß nicht die Entstehung des Staates an sich, sondern der Ursprung der einzelnen Staaten zu untersuchen sei. Er kommt zu dem Ergebnis, daß es zwei natürliche und eine unnatürliche Entstehungsart gäbe: aus der ständigen Vergrößerung der Familie und der Verbreiterung der Verwandtschaft, durch einen Vertrag sowie die unnatürliche durch Gewalt. Über die Herrschaft im Staat ist dem Fürstenspiegel nur soviel zu entnehmen, daß für Ägidius der König absolut sein muß und aus autoritärer Machtfülle alles anordnen kann. Dem Untertanen bleibt nur, dem König zu gehorchen und ihn zu beraten.[76] Freilich muß hier eingeschoben werden, daß Ägidius Romanus in seinem kirchenpolitischen Werk de ecclesiastica sive de summi pontificis potestate von 1302 die gleiche absolute Stellung auch dem Papst einräumte.[77] Durch die weite Verbreitung, welche der Fürstenspiegel erlangte, blieb der Gedanke vom vertraglichen Ursprung des Staates im wissenschaftlichen Gespräch, insbesondere immer wieder dann, wenn aus aktuellem Anlaß Ursprung und Träger der Staatsgewalt umstritten waren, wie seit der Wende vom 13. zum 14. Jahrhundert.

Mit dem Sieg der Päpste über die Staufer und damit über das Kaisertum schien das Ziel des Papsttums, die Vormachtstellung im Abendland, erreicht zu sein. „Doch die gesteigerten Ansprüche der päpstlichen Weltherrschaft, welche die Kirche und ihre irdische Macht immer offener an die Stelle des weltlichen Gemeinwesens zu setzen sich nicht scheute“[78], führte zum Konflikt mit dem bisher sichersten Verbündeten gegen das Kaisertum, mit dem König von Frankreich. In der großen Auseinandersetzung zwischen Philipp IV. dem Schönen und Bonifaz VIII., die von beiden Seiten zunächst unter großem Aufgebot von Gelehrten auf geistiger Ebene geführt und letztlich doch nur durch Einsatz von Gewalt beendigt wurde, verstand es der französische König, auf einer großen Nationalversammlung der drei Stände, des Adels, des Klerus und der Kommunen, das Nationalgefühl der Franzosen zu wecken und gegen den Papst aufzurufen. Ein Jahr später sagten sich König und Nationalversammlung vom Papst los und beide setzten schließlich die Verlegung des heiligen Stuhls nach Avignon durch.[79] In dieser Auseinandersetzung zwischen den beiden großen politischen Mächten äußerte sich auch „das große Ringen zwischen mittelalterlicher Weltauffassung, die von des einen Reiches Einheit ausgeht, und modernem Staats- und Völkerrechtsdenken, dem die Vielheit selbständiger, rechtlich gleichgestellter Staaten Ausgangspunkt ist“.[80] Diese Grundtendenz trat deutlicher in Erscheinung, als der deutsche König Albrecht I. sowie die Kaiser Heinrich VII. und Ludwig IV. der Bayer, mit eigenen Machtansprüchen in die große politische Auseinandersetzung eingriffen. Auf Seiten der beteiligten Mächte bemühten sich bekannte Theologen und Juristen jener Zeit mit den hinlänglich bekannten Argumenten aus der

Kontroverse zwischen imperium und sacerdotium, aber auch mit neuen, den Zeitverhältnissen adäquaten Überlegungen, den päpstlichen Weltherrschaftsanspruch, den französischen Reichsteilungsplan und die absolutistische Weltkaiserlehre zu rechtfertigen.[81] Zu dem bekannten, in der Tagespolemik immer wieder verwendeten Ideengut gehörten die juristischen Argumente aus der lex regia und die Regel „princeps imperator in regno suo" sowie die philosophisch-theologischen Konstruktionen vom vertraglichen Ursprung des Staates.

Zu den Legisten, die Philipp dem Schönen gegen Bonifaz VIII. mit Rat und Tat zur Seite standen, zählten besonders der berühmte Jacques de Revigny (Jacobus de Ravanis), der als erster die theologische Methode Thomas von Aquins auf die Rechtswissenschaft anwandte, also die juristische Dialektik begründete,[82] sowie seine Schüler Pierre de Belleperche (Petrus de Bellapertica)[83] und Jean Favre (Johannes Faber).[84] Bellapertica konstruierte um 1300 — über Hugolinus hinausgehend — in seinem Codex-Kommentar als erster die lex regia, in der er wie selbstverständlich die Grundlage der kaiserlichen Autorität sah, als ein freiwillig eingegangenes und nach dem Ermessen des Volkes jederzeit widerrufliches Auftragsverhältnis. Das Volk besitzt die Staatsgewalt, die es nicht einfach weggeben kann; „denn das hieße, sie in die Hände eines Höheren legen, und das Volk hat niemand über sich. Der Kaiser steht zwar über jedem einzelnen aus dem Volk, aber nicht über dem Volk."[85] Nun scheint diese Interpretation der lex regia in keinem unmittelbaren Zusammenhang mit der politischen Auseinandersetzung zwischen Papst und französischem König zu stehen. Doch sie erhält Bedeutung, wenn man den von Bonifaz III. verfochtenen Anspruch bedenkt, auch die gesamte Staatenwelt als höchster Regent zu leiten.[86] Die Auslegung der französischen Legisten lassen allerdings noch nicht das grundlegend Neue im Staatsdenken an der Schwelle des 14. Jh., erkennen, die Anpassung an die einsetzende nationalstaatliche Entwicklung. Aber schon die theoretischen Anschauungen der Staatsmänner um Philipp dem Schönen, der Juristen Peter Flote[87] und Wilhelm Nogaret,[88] sowie die des königlichen Advokaten Pierre Dubois[89] weisen in die Zukunft, wenn ihre Überlegungen auch noch zu einseitig auf die französische Nationalpolitik bezogen sind.[90]

Erst in dem Dominikaner Johannes Quidort von Paris[91] entsteht der Königspartei ein politischer Mitstreiter, der zu „den philosophischen Hauptrepräsentanten der beginnenden neuzeitlichen Staatstheorie"[92] zu zählen ist. In seiner Schrift de potestate regia et papali, 1302/3, geht dieser bedeutende Schüler des Aquinaten nicht mehr von dessen Typ eines Idealmenschen, sondern von einem neuen Menschentyp aus. „Der Normalmensch ist für ihn der Wirtschaftsmensch, der naturhafte Individualismus des homo oeconomicus, von dem aus die Staatskonstruktion aufzubauen ist."[93] Er sieht in den beiden Möglichkeiten, Einheit des Reiches und Vielheit selbständiger gleichgestellter Staaten, nicht ausschließlich den Gegensatz von Idee und Wirklichkeit, sondern Alternativen, von denen er die zweite für die bessere hält, weil nach seiner Definition des Staates „regnum est regimen multitudinis perfectae ad commune bonum ordinatum ab uno"[94] schwerlich der gesamte Erdkreis, viel eher ein kleineres Gemeinwesen durch einen zu leiten ist. Und auf die Einzelherrschaft kommt es ihm an. Ein Einzelner war es, der ursprünglich die Menschen davon überzeugte, einen Herrschaftsvertrag abzuschließen. Von sich aus schlossen die Menschen nach Quidorts Auffassung keinen Gesellschaftsvertrag. Es entspricht der konkreten politischen Situation Frankreichs, wenn der Einzelne, der König in die entscheidende Position gerückt wird. Seine Gewalt wird von der geistlichen deutlich getrennt. Der König ist zwar an den Rat der Pairs und Barone gebunden,[95] die gegen einen ungetreuen Herrscher einschreiten können, aber in letzter Instanz ist er ausschließlich vom Volk abhängig, das allein nur seine Absetzung betreiben kann, weil es ihn auch eingesetzt hat. Der Einfluß des Papstes in weltlichen Angelegenheiten war nunmehr völlig ausgeschaltet worden. Der König konnte sogar die öffentliche Meinung so gegen den Papst beeinflussen lassen, daß dieser entweder selber abdanken mußte oder vom Volk abgesetzt wurde.

Die deutschen Gelehrten, welche am Anfang des 14. Jh. die politischen Interessen des vorübergehend wiedererstarkten Kaisertums theoretisch zu untermauern suchten, waren, von wenigen Ausnahmen abgesehen, anders geartet als die staufischen Hofjuristen hundert Jahre zuvor oder als ihre Zeitgenossen, die eindeutig nationalstaatlich denkenden Franzosen und Engländer. Sie dachten als Kanonisten gemäßigter, und diese Grundeinstellung spiegelte sich auch in der Auslegung des Herrschaftsvertrages wider, mit dem sie im Rahmen ihrer Reichstheorien häufig argumentierten. Die ersten Theoretiker, die sich schon in der Notzeit des Interregnums mit Fragen des Reiches und der Reichsgewalt beschäftigten, wie der Kanonikus Jordanus von Osnabrück († 1283) und der Kölner Kanonikus Alexander von Roes († nach 1288)[96] sind allerdings davon auszunehmen. Sie gingen in ihren Schriften nicht auf den Herrschaftsvertrag ein. Aber schon Engelbert von Admont (um 1250—1331)[97], der in seinen Traktaten de regimine principum und de ortu et fine Romani Imperii die aristotelisch-scholastische Staatslehre ohne jede Bezugnahme auf aktuelle Zustände und Ereignisse seiner Zeit rein akademisch wiedergibt, betont bzw. überbetont die Herrscherseite im Herrschaftsvertrag, indem er das pactum als unwiderruflich geschlossen ansieht. Es ist daher nicht verwunderlich, daß er eine Reichstheorie vertritt, nach der dem Kaiser die Stellung eines Weltmonarchen über alle christlichen Staaten eingeräumt, aber auch die Gleichordnung von Kaisertum und Papsttum betont wird.

Die Reihe der gemäßigten Reichstheoretiker wird im dritten Jahrzehnt des 14. Jh. von den radikalen Lehren dreier Ausländer unterbrochen, die in der letzten großen Auseinandersetzung zwischen Kaisertum und Papsttum für Kaiser Ludwig dem Bayern eintraten und, als Emigranten an seinem Hofe lebend, einen nicht unerheblichen Einfluß auf ihn auszuüben vermochten. Marsilius von Padua, Johann von Jandun und Wilhelm von Ockham. Der Italiener Marsilius von Padua (um 1290—1342/43), Laie und Politiker, hervorgegangen aus der berühmten Pariser Artistenfakultät wie vor ihm schon Johann Quidort, blieb stets an der Ghibellinenpolitik seiner Heimat interessiert, womit er sich schon 1319 das Mißfallen des Papstes zuzog. Als die Prozesse Johannes XXII. gegen Ludwig dem Bayern einsetzten, schrieb Marsilius 1324 den „Defensor pacis", der ihm und seinem Freund und Helfer Johann von Jandun († 1328)[98] die Anklage auf Ketzerei eintrug,[99] so daß beide 1326 von Paris an Ludwigs Residenz nach München flohen. In seinem Werk, einer eigenwilligen Weiterführung einzelner Grundgedanken von Dantes Monarchia[100] zu der bis dahin radikalsten staatstheoretischen Schrift, verband Marsilius die zeitgenössischen Anschauungen der aristotelischen Staatslehre mit den politischen Erfahrungen der italienischen Stadtrepubliken zu einer Theorie vom weltlichen Staat, die kaum antipäpstlicher gedacht werden kann. Um die Unabhängigkeit des Kaisers vom Papst zu begründen, entwickelte Marsilius auf der Grundlage des Herrschaftsvertrages die ersten Keimformen einer Volkssouveränitätslehre, deren Ausgestaltung gar nicht so besonders neu, aber durch Verwertung praktischer politischer Erfahrungen wesentlich durchdachter war, als die bisherigen Interpretationen des Herrschaftsvertrages. Für Marsilius geht alle Gewalt im Staate vom Volke aus, das durch den Herrschaftsvertrag den Herrscher beauftragt, als vollziehendes Organ des Volkes tätig zu sein. Der Herrscher bleibt dem Volke ständig untergeordnet und ist deshalb auch absetzbar. Was Marsilius freilich unter dem „Volk" versteht, bleibt ebenso ungewiß, wie der von ihm verwendete Begriff Bürger. Auch die Bezeichnungen pars principans und pars valentior bleiben schwer bestimmbar, weil daraus nicht eindeutig genug hervorgeht, ob die Stimmenmehrheit der Digesten zum Ausgangspunkt genommen wurde oder die kanonistische Unterscheidung in „pars maior" und „pars sanior", nach der „die besser beratene Minderheit vor der zahlenmäßigen Mehrheit"[101] geschützt werden konnte. Das Neue und Radikale bestand mehr in der Ablehnung der kirchlichen Hierarchie und in der Ein- und Unterordnung der Kirche in und unter den Staat[102] oder allgemeiner: Im Defensor pacis wird die Theologie zur Magd der politischen Philosophie.[103] Obwohl nach der Theorie des Defensor pacis eine Kaiserwahl durch das römische Volk und auch eine Papstwahl durchgeführt wurde, fand dieses Werk in seiner Gesamtheit nur kurze Zeit Beachtung, um bald für etwa zwei Jahrhunderte in Vergessenheit zu geraten, ehe es im Zeitalter der Reformation, 1522 erstmals gedruckt, wieder zur Bedeutung gelangte.

Kaum weniger radikal erscheinen die Gedanken Wilhelms von Ockham (um 1290—1349)[104] der als Lehrer in Oxford der Häresie verdächtigt und deshalb 1324 vor das päpstliche Inquisitionsgericht nach Avignon geladen wurde. 1326 erfolgte die Verurteilung wegen häretischer Lehren und erst zwei Jahre später lernte er die Führer der Ordensopposition im Armutsstreit kennen. 1328 floh er zusammen mit dem Ordensgeneral der Franziskaner Michael von Cesena und anderen von Avignon zum Kaiser nach Pisa und zog schließlich mit diesem nach München, wo der große englische Gelehrte noch 29 Jahre als Theologe und Philosoph, seit 1331 aber auch als politischer Denker erfolgreich wirken sollte. In seinem großen Gesamtwerk, dem Dialogus de imperatorum et pontificum potestate (1328—1342), nahm Ockham zu theoloischen, kirchenpolitischen und auch zu staatstheoretischen Fragen Stellung und entwickelte speziell am Ende des dritten Teils, im Traktat de iuribus romani imperii, eine Reichstheorie auf der Grundlage der lex regia, die sich in den wesentlichen Gedanken nur insofern von denen des Marsilius von Padua unterschieden, als Ockham die Universalmonarchie zum Ausgangspunkt nimmt, welche unter Umständen auch aristokratisch geleitet werden könnte, während Marsilius die Herrschaft mehrerer Weltmonarchen nebeneinander für nicht ausgeschlossen hält. Dem Anspruch der Juristenpäpste auf das Imperium trat Ockham mit guten Gründen ebenso entgegen, wie der Deutung des Satzes von Innozenz III., daß der französische König superiorem non recognoscit, da diese Formulierung nicht besage, daß der König keinen Höheren über sich habe.[105] Für Ockham unterstehen Papst und Klerus der Zwangsgewalt des Kaisers. „Die Kirche kann kein Staat im Staate sein. Auch Christus hat sich dem Gericht des Pilatus unterworfen."[106] Hierin scheint er ebenfalls mit Marsilius von Padua konform zu gehen, aber die äußerliche Übereinstimmung kann nicht darüber hinwegtäuschen, daß er eine eigene Meinung vertritt und sich weder völlig den radikalen Lehren des Marsilius noch den Überlegungen Lupolds von Bebenburg anschließt.[107] Seine staatstheoretischen Anschauungen wiederholte Ockham um 1342 im Breviloquium de principatu tyrannico, 1342 in den octo quaestiones und am Lebensende in der Schrift de imperatorum et pontificum potestate ohne irgendwelche Abstriche. Von besonderer Bedeutung ist in diesem Zusammenhang auch noch die Feststellung, daß Ockham das Prinzip der „Volkssouveränität" auf die Kirche übertragen hatte. Auch hier ging ihm Marsilius zumindest in Andeutungen voran, aber was bei einem Laien nach wenigen Jahren einfach totgeschwiegen werden durfte, konnte bei dem großen Franziskanerphilosophen, bei dem doctor invincibilis, nicht übersehen werden und mußte trotz des jahrhundertelangen Bannes, der auf seiner Schrift lag,[108] wenn auch nicht unmittelbare, so doch nachhaltige Wirkungen zeitigen.

Ein weiterer bedeutender Reichstheoretiker jener Zeit war der schon erwähnte Bamberger Bischof Lupold von Bebenburg (um 1297—1363),[109] der trotz seines Eintretens für die Unabhängigkeit der deutschen Königswahl vom Papst als kirchentreuer Kanonist zu gelten hat.[110] In seinem 1340 vollendeten Tractatus de iuribus regni et imperii entwickelte er eine gemäßigte Reichstheorie, mit der er das Rhenser Weistum von 1338 theoretisch untermauerte. Im Rahmen der ersten seiner fünf Leitsätze[111] behandelte er die Königswahl auf der Grundlage des Herrschaftsvertrages. Kraft ius gentium kann jedes Volk seinen Herrscher wählen. Im Reich, das nach seiner Auffassung Deutschland, Lotharingien, Burgund und Italien umfaßt, wählen die Kurfürsten als Vertreter der Gesamtheit. Der Kurverein ist damit nicht souverän, da das ius maiestatis immer beim Volke bleibe. Neben dem Reichskaisertum unterschied Lupold noch ein Weltkaisertum, in dessen Rechtssphäre die Autorität des Papstes nur noch einen Sinn hat. Durch die Kaiserkrönung in Rom wurde das deutsch-italienische Imperium zu einem Imperium mundi erweitert. Der Kaiser erhielt die Stellung eines Schirmherrn des Abendlandes und Advocatus ecclesiae. Mit dieser Unterscheidung hob sich Lupold grundsätzlich von den Vorstellungen Marsilius von Paduas und Ockhams ab, wobei freilich Einigkeit darüber bestand, daß der deutsche König in seinem Reich ebenso Kaiser sei wie der Rex Francorum und der König von England, und zwar auch ohne päpstliche Billigung. Politisch hat Lupold von Bebenburg sein Ziel, die Abwehr der päpstlichen Ansprüche gegenüber dem deutschen Kaisertum erreicht, aber die Entwicklung war schon weitergegangen. Die Auseinandersetzung zwischen Papsttum und Kaisertum begünstigte allein die „Vertreter des Volkes", die deutschen Kurfürsten, die durch die Goldene Bulle von 1356 eine beinahe souveräne Macht erlangten.

Dem ersten Anschein nach haben sich die Anschauungen über den Ursprung des Staates und der Staatgewalt bis zur Mitte des 14. Jh. nicht wesentlich geändert. Nach wie vor bot sich der aus der lex regia entwickelte Herrschaftsvertrag als wichtige Argumentationsgrundlage und Hilfskonstruktion für alle Theorien an, die sich mit der ideologischen Begründung des universalen Herrschaftsanspruches vom Kaisertum einerseits und Papsttum andererseits beschäftigten. Inzwischen wurde allerdings zur Selbstverständlichkeit, daß nicht nur Juristen, sondern auch Theologen und Philosophen auf diese Bestimmung des römischen Staatsrechtes zurückgegriffen. Daran änderte auch die Wiederentdeckung der staatstheoretischen Schriften des Aristoteles nichts. Es wirkten im Gegenteil die philosophischen und staatstheoretischen Erkenntnisse des Stagiriten in die gleiche Richtung. Sie fanden darüberhinaus allgemein große Beachtung, weil sie vielfach Antworten auf Fragen enthielten, die sich aus den inzwischen veränderten machtpolitischen Konstellationen neu gestellt hatten. So standen der bisher herrschenden Anschauung von einem Universalreich ganz offensichtlich die tatsächlichen Verhältnisse völlig entgegen. Die eindeutige Unabhängigkeit und Eigenständigkeit der westeuropäischen Königreiche England, Spanien und Frankreich, das sogar die geistliche Spitze des Universalreiches in nicht nur räumliche Abhängigkeit geraten ließ, sowie auch die offenkundige Selbständigkeit der oberitalienischen Stadtrepubliken und der sich herausbildenden Territorialstaaten innerhalb des deutschen Reiches erforderten dringend eine grundsätzliche Klärung der wichtigsten staatstheoretischen Frage, ob weiterhin von dem schon wirklichkeitsfremden Ideal und von der Idee eines einheitlichen Reiches auszugehen ist, dessen Gewalt gegebenenfalls teilbar sein kann, wenn nicht überhaupt eine Exemption von der Reichsgewalt anerkannt werden muß, oder ob nicht in einer Vielzahl gleichberechtigter und unabhängiger Staaten ein erreichbareres und wünschenswertes Ideal gegeben ist, wie das erstmalig von Johann Quidort von Paris in zeitgenössischer Verwertung der aristotelischen Lehren vom vollkommenen Gemeinwesen und vom gesellschaftsgebundenen Menschen herausgestellt, von Marsilius von Padua weiterentwickelt und von Albericus Rosciatus († 1354) bewußt auch als Ausgangspunkt für die juristische Argumentation gewählt wurde.[112] Mit der Herausarbeitung und zunehmenden Anerkennung eines neuen politischen Weltbildes auf der Grundlage einer Vielheit von unabhängigen Herrschaftsgebilden mußte zwangsläufig die seit Jahrhunderten so umstrittene Frage nach dem Ursprung und nach dem Inhalt der Herrschaftsgewalt, die bisher nur für das Verhältnis Kaiser und Reich aufgeworfen war, auch auf alle unabhängigen Gemeinwesen ausgedehnt werden, deren Herrscher sich „als Kaiser in ihrem (Be)reich“ fühlten. Dieses im Kampf um die Selbständigkeit sehr vorteilhafte Argument zog nunmehr ein anderes, nach Erringung der Eigenständigkeit durchaus nicht ungefährliches Argument nach sich: die Konstruktion vom Herrschaftsvertrag. Es bedeutet daher nur eine konsequente Weiterführung der bisher entwickelten staatstheoretischen Lehren, wenn Marsilius von Padua und Wilhelm von Ockham die Lex-Regia-Argumentation auch innerhalb der Kirche angewandt wissen wollen, wenn der bedeutendste Konsiliator Bartolus a Saxoferrato, ein Zeitgenosse Petrarcas und Boccaccios, das bisher nur auf das Reich bezogene Prinzip, daß alle Staatsgewalt vom Volke abgeleitet sei, auf die italienischen Stadtrepubliken übertrug und wenn schließlich der kaum weniger berühmte Baldus de Ubaldis (1327—1400) die Staatsgewalt der Fürsten zwar ebenfalls aus dem Volkswillen ableitete, ihnen aber daneben eine potestas absoluta zugestand, die zur theoretischen Grundlage des fürstlichen Absolutismus der folgenden Jahrhunderte werden sollte.[113] Wie sehr sich diese neuen Gedanken im weltlichen Bereich verbreiteten, zeigt sich im negativen Sinne durch die für den französischen König Karl V., dem Weisen, verfaßte polemische Schrift Somnium viridarii aus dem Jahre 1376, in der es der Autor oder die Autoren sorgsam vermieden, auf das Volk als oberste Instanz hinzuweisen. „Diese Unterordnung des Königs unter das Volk im Sinne Marsilianischer Propaganda widersprach augenscheinlich dem Ratgeber Karls V. ganz entschieden."[114] Doch auch innerhalb der Kirche sollte die neue Betrachtungsweise aus rein kirchenpolitischen Gründen bald unmittelbare Anwendung finden.

Im Gefolge des großen, vierzigjährigen Schismas (1378—1417), des doppelten Papsttums, mußten Zweifel über die Einheit der Kirche, über die Rechtmäßigkeit jedes der Päpste, ja, über die Berechtigung des päpstlichen Primats überhaupt aufkommen.[115] Sie nährten den seit Ende des 13. Jh. immer wieder geäußerten Gedanken einer allgemeinen Synode als des obersten Organs der Kirche, woraus sich schließlich die konziliare Theorie, die Lehre von der Höchsten Gewalt des Allgemeinen Konzils in der Kirche entwickelte und viele Anhänger fand. Die Universität von Paris wurde die Hauptträgerin der Idee. Hier wirkten viele ihrer Hauptvertreter; zu denen im allgemeinen gezählt werden: die Theologen Pierre d'Ailly, Kanzler der Universität und späterer Kardinal († 1429), sein Schüler und Nachfolger in Paris Jean Carlier Gerson († 1429), der Kardinal Francesco Zabarella, Konrad von Gelnhausen († 1390), Heinrich von Langenstein († 1397), Dietrich von Niem (Nieheim)[116] und später dann der nachmalige Kardinal Nikolaus von Kues (1401—1464).[117] Auch Aeneas Sylvius Piccolomini (Enea Silvio de Piccolomini) 1405—1465) der spätere Papst Pius II. (ab 1458), gehörte in einer Jugend zunächst ebenfalls zu diesem Kreis.[118] Letztere geht in seinen Überlegungen bis zum Anfang der menschlichen Gesellschaft zurück, wobei zwei Stadien unterschieden werden. Das erste Stadium umfaßt den für alle Menschen vorteilhaften Zusammenschluß zur Gesellschaft, das zweite die Gründung des Staates, die notwendig wurde, weil einzelne

Individuen die Gesellschaft für ihre Zwecke mißbraucht hatten. Aus dem „Urvertrag" begründete er dann seine eigentlichen Anliegen: „Wie ... zuweilen übelregierende und tyrannische Könige von der Gesamtheit des Reichs entthront und weggejagt werden, so können ohne jeden Zweifel auch die römischen Bischöfe durch die Kirche, d. h. durch die allgemeinen Konzilien abgesetzt werden."[119] Ähnlich wie er geht im übrigen sein Freund Francesco Patrizzi (Patritius Senensis 1413–1492) auch von einem vertraglichen Zusammenschluß zur Gesellschaft aus,[120] und suchten alle Vertreter der konziliaren Theorie, die innerkirchliche Krise in Analogie der Lehre vom abgeleiteten Charakter der Staatsgewalt zu überwinden.[121] Ihr gemeinsamer Ausgangspunkt ist die im Naturrecht gegebene Gleichheit aller Menschen, auf der auch die kirchliche Gemeinschaft aufgebaut sei. Diese Gemeinschaft kann nur mit Zustimmung aller rechtmäßig geleitet werden; sie ist Träger der kirchlichen Gewalt; sie beauftragt einen mit der Leitung als Dienst an der Gemeinschaft. Wie beim Staate geht auch in der Kirche die Gewalt vom Volke aus: Orbis maior urbe. Die kirchliche Gemeinschaft hat dem Papst seine Gewalt gegeben und kann sie ihm wieder nehmen. Der Papst ist mehr Beauftragter der Kirche als Stellvertreter Christi.[122] Eine Inkonsequenz der Konziliaristen war allerdings nicht zu übersehen. Sie bestand darin, daß sie von der Gesamtheit der Gläubigen sprachen, aber grundsätzlich nur die Gesamtheit des Klerus meinten. Aktive Mitwirkungsrechte der Laien, wie sie von Marsilius von Padua und in noch stärkerem Maße von Ockham gefordert worden waren, bezogen die Vertreter der Reformpartei kaum in ihre Überlegungen mit ein.[123] Auf die Dauer konnten sich die Anhänger der Konzilspartei nicht durchsetzen. Die Papstpartei, deren bedeutendster literarischer Wortführer im 15. Jh. der spanische Dominikaner Kardinal Juan de Torquemada (Turrecremata, 1388–1468) war,[124] gewann seit der Mitte des 15. Jh. zunehmend an Boden und trug letztlich den Sieg davon, ohne freilich die von den Konziliaristen analog angewandten Argumente der Lex-Regia-Konstruktion eindeutig widerlegt zu haben. Entscheidend waren einmal mehr „die geschickte, aber skrupellos hinterhältige Politik" der Päpste Eugen IV. und Nikolaus V.[125] sowie politische Erwägungen der weltlichen Machthaber, die, wie Kaiser Friedrich III. (1440–1493) im Wiener Konkordat vom 17. Februar 1448, mit den Päpsten Frieden schlossen, weil sie möglicherweise befürchteten, daß ein Sieg der Konzilspartei die Stände ihrer Staaten zu ähnlichen politischen Überlegungen und Reaktionen anregen könnte. Diesen restaurierten Machtverhältnissen entsprechend gab es wieder „Theologen und Juristen in Menge, sie weiterhin darüber stritten, ob das Kaisertum unmittelbar von Gott oder vom Papst oder vom Volke herrühre."[126] Wieder wird das Kaisertum als Quelle aller übrigen staatlichen Gewalten aufgefaßt, aber zugleich auch die päpstliche Oberhoheit anerkannt, wie aus den Reichstheorien des reiferen Aeneas Sylvius Piccolomini (de ortu et auctoritate imperii Romani, 1445) und des Baseler Professors Peter von Andlau (Libellus de Caesarea Monarchia, um 1460) hervorgeht.[127] Es ist aber nicht zu übersehen, daß hier nur das Verhältnis des wiedererstarkenden Papsttums zum Kaisertum einigermaßen realistisch beurteilt wurde, das des Kaisertums zu den übrigen Gewalten in einer für den Kaiser wohl schmeichelhaften, aber den tatsächlichen Machtpositionen wenig entsprechenden Weise, so daß es kaum verwundert, wenn diese einseitigen Theorien außerhalb Deutschlands kaum Beachtung fanden. Als schließlich im Verlaufe des V. Laterankonzils (1512—1517) entschieden wurde, daß der Papst über alle Konzilien die Oberhoheit habe und befugt sei, sie zu berufen, zu vertagen und aufzulösen,[128] schienen zwischen den politischen Gewalten rein äußerlich die alten Machtverhältnisse des 14. Jh. wiederhergestellt zu sein. Doch die inneren Widersprüche waren zu groß und nicht mehr zu übersehen.

Während sich eine dünne Bildungsoberschicht am Anfang des 16. Jh. erneut darum bemühte, die Argumente für die ideologische Herrschaftsbegründung der verschiedensten Art zu überprüfen und sogar neue zu entwickeln, kämpften die breiten Volksmassen im Rahmen der frühbürgerlichen Revolution in Deutschland um eine neue, bessere Ordnung, und zwar unter Losungen, die wohl den Herrschaftsvertrag nicht direkt erwähnen, aber als seine praktischen Konsequenzen empfunden werden können, wenn es z. B. heißt: „... denn das Volk macht den Kaiser, der Kaiser macht nicht das Volk..."[129] Vermittler derartiger Kenntnisse könnten aus den Reihen der zahlreichen Prädikanten stammen, die gebildet waren und während der revolutionären Erhebungen vielfach als Verfasser von Artikeln, Sendschreiben, Briefen wirksam wurden.[130] Erhärtet wird diese Vermutung durch eine Formulierung im ersten der „Zwölf Artikel der Bauern" aus dem Jahre 1525, der die Forderung enthält: „das wir nun fürehin gewalt und macht woellen haben, ain ganze gemain sol ain pfarer selbs erwoelen und kiesen, auch gewalt haben, den selbigen wider zu entsetzen, wann er sich ungebürlich hielt."[131] Diese auf die unterste Ebene, auf die Gemeinde, bezogenen Herrschaftsbeziehungen können als die ersten echten Ansätze einer Volkssouveränitätslehre angesehen werden, bei der jeweils alle Mitglieder in die Willensbildung einbezogen werden sollen. Es wurde hier nicht mehr nur theoretisch, sondern tatsächlich vom Individuum ausgegangen, wie das unter dem Einfluß der Reformation auf kirchlicher Ebene auch in der reformierten Gemeindeverfassung praktiziert und von da auf die Verhältnisse des Staates übertragen wurde. Dementsprechend mußte dem Ursprung der

Gemeinde bzw. des Staates eine weit größere Beachtung geschenkt werden als bisher, was in diesem Zusammenhang zu der Schlußfolgerung führen mußte, daß sich jede Gemeinschaft, also auch der Staat, aus der Summe ursprünglich selbständiger Invididuen zusammensetzt, deren Individualrechte sich zur Staatgewalt vereinen. Unter dieser Sicht mußte der seit Mitte des 13. Jh. durch die aristotelische Philosophie angeregte und verschiedentlich schon geäußerte Gedanke eines Gesellschaftsvertrages immer stärkere Beachtung finden, wie das seit dem 16. Jh. in zunehmenden Maße der Fall ist.

IV

Die politische Wirklichkeit wurde seit dem 16. Jh. von den sich zuspitzenden Konflikten zwischen den europäischen Mächten bestimmt. Das Zeitalter der Glaubenskriege begann unter dem Banner des spanischen Absolutismus, der im europäischen Bereich und in Übersee zu einem katholischen Weltabsolutismus ausgebaut werden sollte. Als diese Zielstellung scheiterte, konzentrierte sich der katholische Absolutismus auf die einzelnen Staaten und konkurrierte mit dem protestantischen Absolutismus.[132] Die vielfältigen Auseinandersetzungen mit benachbarten Ländern können jedoch nicht darüber hinwegtäuschen, daß die Machtverhältnisse innerhalb der einzelnen europäischen Staaten noch keineswegs geklärt waren. Das spiegelt sich deutlich in den verschiedenen Staatstheorien dieses Zeitraumes wider, zu denen Politiker und Wissenschaftler unterschiedlicher Nationalität und Konfession sowie aller sozialen Klassen und Schichten beigetragen haben.

Mit Ausnahme des Florentiner Staatsmannes Nicolò Macchiavelli (1469 bis 1527),[133] der den Gedanken der Macht in seiner brutalsten Tragweite und in seinen letzten Folgerungen erkannte, der den Staat als Zweckschöpfung im Dienste der politischen Macht ansah und der in seinem Hauptwerk Il Principe (1515) mit der Lehre von der Staatsräson theoretische Grundlagen für die Bildung eines italienischen Nationalstaates schaffen wollte, knüpften die zahlreichen anderen Staatstheoretiker als Vertreter des Naturrechts an den Herrschaftsvertrag an. Ihnen allen ist gemeinsam, daß sie auch in der praktischen Politik tätig gewesen waren und, daß sie ihre Lehren aus ihrer speziellen politischen Situation heraus entwickelten und dann verabsolutierten. Als Macchiavelli sein Hauptwerk schrieb, war gerade wieder eine interessante geistige Auseinandersetzung zwischen einem Vertreter der konziliaren Theorie und dem bedeutenden Vertreter der Papstpartei, dem spanischen Kardinal Thomas Cajetan de Vio (1469—1534) ausgebrochen. Der Konziliarist und Professor an der Sorbonne Jacques

Almain († 1515) trug 1512 im Rahmen einer akademischen Disputation in aller Schärfe die konziliare Theorie vor und verlangte deren Anwendung auf die Kirche. Cajetan erwiderte in seiner Apologia de potestate Papae mit der schon 1511 angedeuteten, aber jetzt ausführlicher begründeten Unterscheidung zwischen weltlicher und geistlicher Gewalt. Gott habe die notwendige Gewalt zur Erfüllung eines natürlichen Zweckes der Gesamtheit und nicht einem Einzelnen, die Erfüllung eines übernatürlichen Zweckes aber einem Einzelnen gegeben. An dieser These setzte der spanische Dominikaner und Begründer der Schule von Salamanca, Francisco de Vitoria (um 1485—1546), mit seinen moralphilosophischen Betrachtungen an, die im völligen Gegensatz zu Macchiavellis ausgesprochen weltlicher Ausgangsposition standen.

Vitoria, der zu dem Kreis der spanischen Vertreter der Gegenreformation und Wahrer der vorreformatorischen Theologie zählt,[134] konnte während seiner Studien in Paris die Auseinandersetzung zwischen Konziliaristen und Kurialisten verfolgen und nahm als Zuhörer an der Disputation von Jacques Almain teil, von dessen Lehren er — wie später auch Calvin — beeinflußt worden war.[135] Aus Cajetans These entwickelte Vitoria in seiner Relectio de potestate civili (1528) eine Lehre, die weit über den Konzilienstreit hinausging und auch die tatsächlichen politischen Verhältnisse erfassen sollte, die Lehre vom totus orbis, die in ihrer Grundform durchaus nicht neu, aber in der Gesamtheit neu durchdacht war.[136]

Nach seiner Vorstellung ist die bewohnte Erde eine politische Gemeinschaft eigener Art, die alle Menschen umfaßt. Sie besitzt im ius gentium ein gemeinsames Recht, das entweder mit dem Naturrecht identisch oder aus ihm abgeleitet ist. Die Autorität der Gemeinschaft beruht auf dem Gesamtwillen aller. Im Gesamtwillen verbindet sich die Lehre vom totus orbis mit dem Prinzip vom abgeleiteten Charakter der Staatsgewalt, und hierin liegt auch das Gemeinsame mit den tatsächlich bestehenden politischen Gemeinwesen, die notwendigerweise aus der gesamten Gemeinschaft hervorgegangen sind, ohne damit die naturalis societas et communicatio zu beseitigen. Wie die einzelnen Staaten könnte sich die Menschengemeinschaft durch Herrschaftsvertrag einen Monarchen bestellen, wenn es ihr notwendig erscheine. Das wäre dann die einzig mögliche Form einer Universalmonarchie. Zehn Jahre später zieht Vitoria in der Relectio de Indis aus der Lehre vom totus orbis die berühmt gewordene Schlußfolgerung: Der Kaiser ist nicht der Herr der Welt; der Papst ist nicht der Herr der Welt im Sinne einer weltlichen Staatsgewalt. Damit beseitigte er endgültig die immer noch vertretene, aber kaum mehr zu haltende Fiktion von der Universalmonarchie mit Kaiser und Papst oder sogar mit dem Papst allein an der Spitze. Gleichzeitig machte er den Weg frei für die Entwicklung des modernen Völkerrechts. Da Vitoria gleichzeitig auch die Greuel der Konquistadoren und das Entdeckerrecht der Spanier kritisierte, ordnete Karl V. im November 1539 eine Untersuchung und die vorläufige Einstellung weiterer Vorträge an. Nach dieser Maßregelung hat sich Vitoria aus der Politik zurückgezogen. Das darf freilich nicht zu der Annahme verleiten, daß in ihm ein Gegner der spanischen oder ganz allgemein der Monarchie gesehen werden könnte. Vitoria äußerte sich stets als Theologe im Interesse von Staat und Kirche, die in Spanien auf das Engste miteinander verbunden waren. Für ihn ist das Königtum die beste Herrschaftsform, die ja auch von den Aposteln empfohlen wurde. Jede Gemeinschaft wählt sich die ihr gemäße Herrschaftsform; sie ist dann aber an das einmal Vereinbarte gebunden (pacta sunt servanda). Vitoria fügt den bisher bekannten Abstufungen der abgeleiteten Herrschaftsgewalt zwischen reiner Machtentäußerung und Auftrag mit der unterschiedlichen Qualifizierung von Demokratie und Aristokratie einerseits sowie Monarchie andererseits eine weitere hinzu. Bei der Einsetzung einer Aristokratie oder einer Demokratie überträgt die Gemeinschaft, welche die auctoritas (Souveränität) besitzt und auch behält, die Regierungsgewalt, die potestas, an die mit der Herrschaft Betrauten; bei der Einsetzung eines Monarchen überträgt die Gemeinschaft dagegen ganz entscheidend mehr, nämlich ihre auctoritas, ihre Vollgewalt, auf den König, der dann aber auch als Repräsentant der Gemeinschaft und nicht als deren Beauftragter angesehen werden muß. Damit hat Vitoria letztlich eine Position erreicht, die zwar noch keine absolutistische ist, aber einer solchen doch sehr nahe kommt. Sicher kann der König nicht willkürlich herrschen; er ist an seine eigenen Beschlüsse ebenso gebunden wie es die Gemeinschaft wäre. Aus Vitoria spricht auch wieder der Theologe, wenn er den König daran erinnert, daß er das Gesamtwohl im Auge behalten solle und daß er über freie Menschen und nicht über Sklaven herrsche. Schließlich wird dem Volk bei offensichtlicher Ungerechtigkeit ein Widerstands- und Interventionsrecht zugebilligt, aber wie eng oder wie weit kann oder muß der Begriff „offensichtlich“ gefaßt werden.

Den theologischen und moralphilosopnischen Anschauungen Vitorias standen die seiner Kollegen und Freunde in Salamanca im Grundsätzlichen, speziell aber in der Ablehnung der absoluten Staatssouveränität sehr nahe.[137] Zu ihnen zählen Martin de Azpilcueta (1493—1586),[138] der unter seinem Beinamen Navarrus in der Wissenschaft bekannter ist, Domingo de Soto (1494—1560)[139] und Alfonso de Castro (1495—1558)[140], die sich, angeregt von der aus dem Naturrecht entwickelten These, daß sich die Menschheit aus einer Vielheit selbständiger Staatswesen mit ebenso vielen nebeneinanderbestehenden Gewalten zusammensetzt, ebenfalls Gedanken über den Ursprung der Staatsgewalt, über das Verhältnis Volk und Herrscher machten, daraus im einzelnen aber ganz unterschiedliche Schlüsse herleiteten. So kommt Soto zu einem in die Zukunft weisenden Ergebnis, wenn er betont, daß auch die Herrscher von Nichtchristen als rechtswirksam eingesetzt angesehen werden müssen.[141] Der mit dem Papsttum eng verbundene Navarrus, der fast drei Jahrzehnte als poenitentiarius unter drei Päpsten in Rom gewirkt hatte, entwickelte über die Translationslehre die zumindest eigenwillige These, daß der Papst die Befugnis zur Kaiserwahl den sieben Magnaten, den Kurfürsten, übertragen habe.[142] Bei aller Anerkennung der gemeinsamen Ausgangsposition sind die unterschiedlichen Ergebnisse bei Vitorias Kollegen doch nicht zu übersehen. Und erst über die Juristen unter seinen Schülern fanden Vitorias Auffassungen schließlich Eingang in die Rechtswissenschaft. Die Vermittler waren Diego Covarruvias y Leyva (1512—1577)[143] und Fernando Vasquez de Menchaca (Fernandus Vasquius, 1512—1569),[144] beide Wissenschaftler und Inhaber hoher geistlicher (Covarruvias) oder weltlicher Ämter (Vasquez).

Covarruvias, „el Bartolo español", veröffentlichte mit den 1556 erschienenen Practicae Quaestiones auf der Grundlage der scholastischen Philosophie eine Staatslehre, die als theoretischer Ausgangspunkt gedacht war, um die politisch-rechtliche Stellung des spanischen Königs erfassen zu können. In einer sehr gründlichen, auf historische Fakten und auf Bibelstellen gestützten Untersuchung, bei der er sowohl auf die antike Anschauung von der Naturgegebenheit des Staates als der organisierten Gesellschaft von Bürgern als auch auf die lex regia des römischen Staatsrechtes zurückgreift, gelangte Covarruvias zu Ergebnissen, die zwar in ähnlicher Form schon vor ihm ausgesprochen, aber nunmehr von seiner Autorität mitgetragen wurden: Die Staatsgewalt ist von Gott als heilige Ordnung gewollt; sie wird aber unmittelbar nach dem natürlichen Gesetz von dem jeweiligen Gemeinwesen durch Wahl oder Zustimmung des Volkes eingesetzt, wobei er es als zweckmäßig ansieht, das Stimmrecht nur einzelnen Repräsentanten zuzuerkennen, die dann im Namen der Gemeinschaft den König wählen. Der einmal Eingesetzte kann seines Amtes nur enthoben werden, wenn er sich als Tyrann erweisen sollte[145]. Covarruvias ging ferner auch dem Verhältnis von Kaiser und europäischen Königen nach und kam zu dem Ergebnis, daß der spanische König von der kaiserlichen Gewalt befreit und durch diese Exemtion rechtlich völlig unabhängig sei.

Während Covarruvias an die Fragen des Staates und der Staatsgewalt als Moralphilosoph und Kanonist heranging, konnte Fernando Vasquez als weltlicher Jurist diesen Fragen geistig unabhängiger und mehr unter praktischen Gesichtspunkten gegenübertreten. Auch konnte er die traditionellen scholastischen Definitionen weitgehend ignorieren und an den Ideen eines an der spätrömischen Stoa orientierten Humanismus anknüpfen[146]. Ganz bewußt wandte er sich dem Naturrecht zu, das bisher als eine ausschließliche Domäne der Theologen angesehen wurde. Vasquez grenzte innerhalb des Naturrechts den Raum ab, der speziell für die Rechtswissenschaft von Bedeutung ist, und entwickelte daraus in seinen Controversiae illustres von 1559 ein System des profanen Naturrechts. Doch bald sah er sich genötigt, inhaltliche Ergänzungen vorzunehmen; er fügte 1563 auch eine praefatio hinzu, so daß schließlich 1564 in Venedig eine revidierte Auflage seines Werkes erscheinen konnte. Besonders die praefatio ist in diesem Zusammenhang erwähnenswert, Vasquez legte hier seine naturrechtliche Staatslehre dar, deren fortschrittlicher Inhalt in Richtung auf die Volkssouveränität freilich in krassem Widerspruch zu dem gleichzeitig rein absolutistischen Bekenntnis zu stehen scheint, daß der König von Spanien als Stellvertreter Gottes auf Erden anzusehen sei. Dieser merkwürdige Gegensatz läßt die verschiedenartigen Vermutungen zu: Sollte die Sonderstellung des spanischen Monarchen, in dessen Reich, wie man damals sagte, die Sonne niemals unterging, im Verhältnis zu den anderen europäischen Monarchen bewußt herausgehoben werden, oder wollte Vasquez mit dieser Loyalitätserklärung und dem Bekenntnis zum dynastischen Gottesgnadentum die Zensur vom eigentlichen Inhalt des Werkes ablenken, oder wurde der Gegensatz in der Zeit gar nicht so empfunden, weil Theorie und Wirklichkeit selten in Einklang standen? Diese Fragen sind jede für sich ebensowenig klar zu beantworten wie in ihrer Gesamtheit. Vielleicht kommt man der Problematik eher auf den Grund, wenn man bedenkt, daß es sich auch bei Vasquez um einen spanischen Spätscholastiker handelt, der wie alle Vertreter dieser Richtung nach dem Vorbild des Thomas von Aquin möglicherweise ebenfalls vom Ideal eines Herrschers ausging, dessen Macht zugleich absolut und beschränkt ist[147]. Vasquez Staatslehre läßt sich jedenfalls in der Formel zusammenfassen: Der Staat ist nicht um des Königs willen da, sondern der König um den Staates willen, d. h. für das Wohl von Land und Volk.[148] Er geht dabei noch weiter als seine Vorgänger und auch als seine Zeitgenossen aus der Schule von Salamanca. Nach seiner Auffassung überträgt das Volk nur so viel Befugnisse auf den Fürsten, wie für die Erfüllung seiner Aufgabe nötig ist. Da rechtlich ein Auftrag vorliegt, können diese Befugnisse eingeschränkt und sogar zurückgezogen werden. Im übrigen sieht „Vasquez in den Bürgern Rechtsgenossen des Vertrages, durch den Staat und Staatsgewalt nach ius gentium begründet worden sind"[149].

Es besteht wohl kaum ein Zweifel, daß die spanischen Spätscholastiker — auch im Naturrecht die Kerntruppe der ecclesia militans der Gegenreformation,[150] — ob Theologen, Kanonisten oder Legisten, die Vorteile der spanischen Weltmacht und der katholischen Kirche im Auge hatten und daß sie deshalb mit ihren Lehren die Interessen dieser restaurativen Kräfte unterstützen wollten; aber es ist ebenso wenig zu verkennen, daß sie sich unter dem Eindruck der zügellosen Kolonialwirtschaft moralischen Fragen zuwandten und in ihren Untersuchungen auf dem Gebiet der Ethik zu beachtlichen Erkenntnissen gelangten,[151] auf denen in der Folgezeit weiter aufgebaut werden konnte. Für den Bereich der Rechtswissenschaft trifft das besonders auf die Ergebnisse von Vasquez zu, der mit seinem System des profanen Naturrechts die entscheidende Basis für dessen Weiterentwicklung zu schaffen vermochte, indem er konfessionelle Gesichtspunkte bei der Betrachtung des Naturrechts auszuschalten suchte. Es nimmt daher nicht wunder, wenn sowohl im katholischen als auch im protestantischen Lager an Vasquez Lehren angeknüpft werden konnte, wobei stellvertretend auf katholischer Seite der spanische Jesuit Francisco Suarez (1548—1617) und auf protestantischer Seite der erste Systematiker des Calvinismus Lambert Daneau (Danaeus, 1530—1596), genannt werden sollen.

Francisco Suarez[152] lehnte sich in seinem Werk de legibus ac Deo legislatore (1612) sowohl an Vitoria als auch an Vasquez an, indem er einerseits im Natur- und Völkerrecht einen Bestandteil der profanen Rechtswissenschaft sah, andererseits aber die Verbindungslinien zur Theologie zu ziehen suchte, was nach ihm zu einer gewissen Retheologisierung des Naturrechts geführt hatte.[153]

Danaeus faßte seine moralphilosophischen Anschauungen in der Ethice Christiana (1577) zusammen und zog daraus in seiner Politice Christiana (1584) Schlußfolgerungen für die Staatslehre.[154] Dabei übernahm er von Vasquez die Interpretation des Herrschaftsvertrages im Sinne eines Auftragsverhältnisses und auch die Vorstellungen eines Gesellschaftsvertrages. Entscheidend für die überraschende Übereinstimmung zwischen Calvinisten und Katholiken in diesen Fragen war wohl das gemeinsame Grundanliegen, jeder Art von Absolutismus entgegenzuwirken, da dieser ohne christliche Moralphilosophie auszukommen suchte[155]. Die Übereinstimmung blieb sogar dann noch bestehen, als in Frankreich die religiös-politischen Gegensätze zwischen Calvinisten und Katholiken unmittelbar aufeinanderprallten und eine publizistische Welle über die Grundfragen des Staates und der Staatsgewalt auslösten.

Unter dem Eindruck der Bartholomäusnacht (24. August 1572) veröffentlichten die calvinistischen Juristen François Hotman (1524—1590) die Francogallia (1573) und Theodore de Bèze (Beza, 1519—1605), der zugleich und mehr noch Theologe war, die Schrift de iure magistratuum

(1574)[156]. Beide setzten sich unter Berufung auf die Spanier Covarruvias und Fernando Vasquez sowie auf der Grundlage des Herrschaftsvertrages für eine eingeschränkte Staatsgewalt ein. Beza betonte dabei — wie auch andere vor ihm — die Abhängigkeit der Obrigkeit vom Volk. Das Volk ist nicht um der Obrigkeit willen da, sondern umgekehrt. Jede Obrigkeit ist aus den jeweiligen Völkern hervorgegangen; die Völker entscheiden, ob sie von einem Fürsten regiert werden wollen; aber mit dieser Entscheidung haben sich die Völker nicht bedingungslos der Macht und Willkür der Fürsten unterworfen[157]. Die gleiche Zielstellung verfolgten die berühmtgewordene nur wenige Jahre jüngere Schrift Vindiciae contra tyrannos, die unter einem Pseudonym veröffentlicht wurde, aber wohl dem Protestanten Philipp du Plessis-Mornay[158] zugeschrieben werden muß, sowie die Schriften einer Reihe katholischer und reformierter Autoren, die von einem ihrer Gegner, dem schottischen Juristen William Barclay (1577—1608), als Monarchomachen[159] bezeichnet wurden. Für sie alle war die Vertragskonstruktion im Verhältnis von Volk und Herrscher jeweils Ausgangspunkt ihrer Untersuchungen. Sie übernahmen deshalb von Vasquez die radikale Lehre von der abgeleiteten Staatsgewalt, von der Bindung des Fürsten an sein eigenes Gesetz und vom Widerstandsrecht[160]. Der wohl berühmteste unter ihnen, Georges Buchanan, versuchte in seinem Dialogus de iure Regni apud Scotos (Edinburg 1579) den Kampf der schottischen Calvinisten gegen ihren katholischen König zu rechtfertigen,[161] während sein seit 1573 in Frankreich lebender Landsmann, der schon erwähnte katholische Royalist Barclay eine extrem absolutistische Richtung vertrat, für die Jean Bodin (1530 bis 1596)[162] in einem Hauptwerk Six livres de la République, 1576, die entscheidende staatsrechtliche Grundlage geschaffen hatte.

Aus den Wesenszügen des französischen Staates im 16. Jh. entwickelte Bodin den europäischen Staatsbegriff. Als Staatsbeamter und Politiker erlebte er die Kämpfe des französischen Königtums um Unabhängigkeit von Papst und Kaiser nach außen sowie von den in Altgläubige und Hugenotten gespaltenen Ständen und ihren Privilegien nach innen, und er schlug sich auf die Seite des Königtums, weil er in ihm den Garanten der Ordnung in der Unordnung der staatlichen Zustände Frankreichs sah. Auf der Grundlage von Naturrecht und speziell vom Herrschaftsvertrag entwickelte Bodin die Lehre von der Unteilbarkeit der Souveränität. Souveränität in diesem Sinne bedeutet Unabhängigkeit der Staatsgewalt nach außen und Unbeschränktheit durch innere politische Kräfte. Diese Eigenschaft der Staatsgewalt muß nach Bodin auch dem Träger der Staatsgewalt zugestanden werden, und das ist für ihn der Monarch, der durch Vertrag vom Volk die Staatsgewalt unwiderruflich übertragen erhält. Allerdings bilden die natürlichen

Rechte der Individuen, wie Freiheit der Person, des Eigentums und des religiösen Bekenntnisses, für den Souverän die Schranke gegen Willkür und Skrupellosigkeit macchiavellischer Prägung. Bodins Souveränitätslehre wurde zum geistigen Wegbereiter des Absolutismus; sie geriet in Vergessenheit als die Souveräne zwar noch die Verantwortlichkeit vor Gott, nicht so sehr aber die Bindung an die natürlichen Rechte der Untertanen anerkennen wollten,[163] wie das an der französischen Staatsentwicklung abzulesen ist. Während Charles Loyseau in seiner Schrift Traité des Seigneuries 1609 und Le Bret (De la souveraineté du Roy, 1632) an Jean Bodin anknüpften und seine Gedanken weiterführten, steigerte Jacques Bénigne Bossuet (1627—1704) das Königtum zu absoluter Höhe. Die Monarchie ist göttlichen Ursprungs; sie bedarf keiner gedanklichen Begründung; sie hebt sich hoch über alles Irdische empor, daß auch ihre Maßnahme der Kritik entzogen bleiben, — solange der Glaube an das transzentente Recht der Könige, ihre Verantwortlichkeit allein vor Gott vorhielt[164]. Doch dieser Glaube war weder Allgemeingut geworden noch galt er in dieser Absolutheit, wenn auch die Lehre vom göttlichen Ursprung der staatlichen Gewalt seit Ludwig XIV. in Frankreich dazu geführt hatte, daß sich kein Untertan auf die natürlichen Rechte berufen konnte und das Naturrecht den französischen Universitäten verschlossen blieb[165]. Damit war die offizielle französische Staatstheorie vorübergehend wieder auf die Lehren Augustins eingeschwenkt, ehe Mitte des 18. Jh. die Vorstellung vom Gesellschaftsvertrag Allgemeingut der Gebildeten wurde[166].

Bodin hat mit seiner Souveränitätslehre im Rahmen des Herrschaftsvertrages eine der beiden Gegenpositionen umrissen, die Position der Fürstensouveränität, welche die Fürsten in den Stand setzte, den modernen Staat auch gegen die Sonderinteressen der alten Stände aufzubauen. Zu dem Zeitpunkt, wann die Interessen der neuen Stände, insbesondere die des Bürgertums durch ein reaktionären Königtum gehemmt wurden, mußte die theoretisch entgegengesetzte Position des Herrschaftsvertrages, die der Volkssouveränität angestrebt werden. Und eine solche Entwicklung begann sich im Bereich des politischen Calvinismus abzuzeichnen. Dabei wirkten zwei Theoretiker in dieselbe Richtung: Richard Hooker (1553—1600) und Johannes Althusius (1557—1638). Beide gingen vom vertraglichen Ursprung der Gesellschaft aus und entwickelten von daher ihre Lehren vom Ursprung der Staatsgewalt. Damit verdichteten sich in der frühen Neuzeit mehr und mehr die Anschauungen über den Gesellschaftsvertrag, die in den früheren Jahrhunderten nur sporadisch geäußert und um die Mitte des 16. Jh. erstmalig wieder von dem katholischen Juristen Marius Salamonius in seiner Abhandlung de principatu erwähnt wurden. Dieses 1544 erschienene

Werk[167] befaßt sich allerdings primär mit der Tyrannenlehre, weshalb Salamonius auch den Monarchomachen zugeordnet wird.

Der anglikanische Geistliche Richard Hooker ergriff in einem Werk Of the Laws of Ecclesiastical Polity eight books, ab 1594, Partei für die calvinistisch-reformierte Richtung in der anglikanischen Kirche gegen den extremen Calvinismus der Puritaner. Dabei übernahm er Vasquez' Lehre vom profanen Naturrecht und ging zur Begründung seiner Kirchenlehre von dem Gedanken eines Gesellschaftsvertrages als Grundlage des Staates aus[168]. Hookers Argumente wurden im englischen Bereich zu einer einflußreichen politischen Lehre entwickelt, an der sowohl Thomas Hobbes als auch John Locke anknüpften. Sie fand schließlich durch die englischen Kolonisten in Nordamerika praktische Verwertung.

Johannes Althusius[169], der Wegbereiter des modernen Naturrechts, war Theoretiker und Praktiker zugleich. 1586 folgte er, eben in Basel zum Doktor beider Rechte promoviert, einem Ruf an die neugegründete Juristenfakultät der gräflich nassauischen Akademie in Herborn, wo er bis 1604 als Ordinarius lehrte. 1603 erschien die erste Auflage seiner Politica methodice digesta, „der erste deutsche Versuch eines rationellen Systems der allgemeinen Gesellschaftslehre unter dem Namen der «Politica»"[170]. In Anlehnung an das Vorbild der ihm aus seiner Schweizer Zeit bekannten, bürgerlich geführten Stadtgemeinden und speziell unter Verwertung der Einheit von Christengemeinde und Bürgergemeinde, die er in der Genfer „Theokratie Calvins" verwirklicht sah, entwickelte Althusius in konsequenter Auseinandersetzung mit Bodins absolutistischer Souveränitätslehre theoretische Vorstellungen von der Staatsgewalt, die ihn zu einem bedeutenden Begründer der modernen Lehre von der Volkssouveränität werden ließen[171]. Den methodischen Ausgangspunkt bildeten für Althusius zwei Verträge, der Gesellschaftsvertrag und der Herrschaftsvertrag, die er beide mit Hilfe des römischen Zivilrechts in aller juristischen Schärfe ausbaute, wobei unverkennbar ist, daß es ihm doch besonders um die Staatsgewalt, um die Souveränität ging, die nach seiner Auffassung allein beim Volk als Inbegriff der Gemeinde Gottes liege.

Das Volk als Gesamtgemeinde besaß das ius maiestatis und konnte nur das ius regni durch Herrschaftsvertrag auf die Obrigkeit übertragen. Bei der Erörterung dieser Materie knüpfte Althusius bewußt an die Ausführungen der Spanier Covarruvias und Fernando Vasquez sowie an calvinistischen Schriftsteller wie Danaeus an, so daß es nicht verwundert, schon geläufige Formulierungen wiederzufinden: Das Volk macht den Herrscher, nicht umgekehrt. Die Könige sind also vom Volk für das Volk eingesetzt: sie sind seine Diener, denen das Wohl des Staates anvertraut ist[172]. Auch die Konstruktion des Herrschaftsvertrages als Auftrag ist nicht neu, wird von Althusius aber zivilrechtlich in der Weise ausgebaut, daß der Herrscher das übertragene Recht als ein fremdes und nicht als ein eigenes Recht innehabe, daß das Recht des Volkes ein höheres und das des Herrschers ein niederes Recht sei. Daraus leitet Althusius eine Reihe von Schlußfolgerungen ab, die als ein Katalog von Mindestanforderungen an eine Verfassung bezeichnet werden können.[173]

Die calvinistische Stadt Emden sah in vielen Argumenten der „Politica" eine theoretische Rechtfertigung ihres Kampfes gegen den lutherischen Landesherren und bot Althusius an, der Stadt als Syndikus in der politischen Auseinandersetzung mit dem Grafen von Ostfriesland zur Verfügung zu stehen. Althusius übernahm die neue Aufgabe, und es gelang ihm, die Rechte der Stadt gegenüber dem Landesherren durchzusetzen. Dabei ging es allerdings nicht um die Erringung der Souveränität, um die Lösung von der Landesherrschaft, sondern um die Gewissensfreiheit, um die Freiheit des Kultus[174].

Althusius' Werk fand schon bald nach seinem Erscheinen heftigen Widerspruch von lutherischer und katholischer Seite. Die Vertreter von Bodins Richtung sparten nicht mit scharfer Kritik. Darauf entgegnete Althusius, untermauert mit praktischen Beispielen aus seiner Emdener Tätigkeit, in der 1610 erschienenen zweiten Auflage[175]. Mitte des 17. Jh. erlosch mit dem Sieg des fürstlichen Absolutismus das Interesse an dieser Schrift. Nur in Nordwestdeutschland und besonders in Holland, wo die auf calvinistischer Basis ruhende Lehre von der Volkssouveränität als Bestätigung der eigenen staatlichen Entwicklung angesehen wurde, fand Althusius' Werk noch lange Zeit Resonanz[176].

Die Niederlande waren die Wirkungsstätte eines weiteren bedeutenden Gelehrten, eines Rechtdenkers von universaler Bedeutung: Hugo Grotius (1583–1655)[177]. Der Nachruhm brachte ihm viele ehrenvolle Bezeichnungen ein. So gilt er als der „eigentliche Begründer einer unabhängigen Wissenschaft vom Völkerrecht", als der „Begründer des modernen Naturrechts" und schließlich gab ihm der Italiener G. B. Vico den Titel eines generis humani iuris consultus[178]. Unter dem Eindruck der großen europäischen Auseinandersetzungen im Dreißigjährigen Krieg, aber auch der äußeren und inneren Konflikte seiner Heimat, in die er persönlich mit hineingerissen wurde, suchte er als Politiker und als ein in Verbannung lebender Patriot nach einem neuen Naturrecht[179], nach neuen Maßstäben, die auch von den so zerstrittenen Konfessionen als verbindlich anerkannt werden müssen. Und so wurde sein Hauptwerk „De iure belli ac pacis libri tres", das er als Exulant unter dem Schutz des französischen Hofes in Paris 1625 veröffentlichte, zum Ausgangspunkt einer neuen, säkularisierten und rationalisierten Soziallehre.[180]

Im Unterschied zum scholastischen Naturrecht, das die göttliche Offenbarung als Quelle des Naturrechts ansah, nahmen die Rechtsdenker des aufsteigenden Bürgertums die vernünftige Natur des Menschen als Ausgangspunkt ihrer Betrachtungen[181]. Ursprung, Zweck und Inhalt des Rechts sind nach ihrer Auffassung weltlich. Aus der Vernunft wurden Freiheit und Gleichheit des Menschen, Freiheit des Eigentums, die Verbindlichkeit der Verträge, die Grundsätze der Preisbildung und die Grenzen der Strafgewalt abgeleitet. Und nicht zuletzt wurden auch die Staatstheorien aus dieser Grundlage heraus entwickelt[182]. Zur Natur des Menschen gehört nach Grotius' Auffassung das Bedürfnis, sich zu vergesellschaften (appetitus socialis), aber dieser Vergesellschaftungsprozeß steht bei ihm nicht unter dem Vertragsgedanken. Nur bei der Bestimmung des Herrscheramtes legt er den Vertrag zugrunde, wobei nach einer Auffassung die Staatsgewalt durch translatio endgültig auf den Herrscher übergeht. Er entschied sich also eindeutig für die Herrschersouveränität. Dabei ist es durchaus möglich, daß er aus der Staatspraxis seiner Heimat den Gegensatz von Volk und Herrscher garnicht so empfunden hat[183]. Immerhin wird sein wissenschaftliches Ansehen mit dazu beigetragen haben, daß seit Mitte des 17. Jh. die Lehre von der Herrschersouveränität vorübergehend zur vorherrschenden wurde.

Die vernünftige Natur des Menschen war seither zur gemeinsamen Grundlage für die Vertreter des modernen Naturrechts und der daraus abgeleiteten Staatstheorien geworden. Das darf aber nicht darüber hinwegtäuschen, daß es im einzelnen noch erhebliche Unterschiede gab, die als Ausdruck der verschiedenen politischen Standorte der jeweiligen Naturrechtler anzusehen sind.

Alle naturrechtlichen Lehren setzten zwar jeweils bei einem Urzustand, Naturzustand, Stand der Unschuld, status naturalis, status libertatis an, d. h. bei einem erdachten, an der Wirklichkeit der historischen Vergangenheit nicht überprüften Zustand oder Stand des menschlichen Zusammenlebens, aber die Ansichten über die „Natur" des Menschen selber gingen schon weit auseinander. Zwei Grundrichtungen, die beiden Grundtypen der bürgerlichen Theorien über Gesellschaft, Staat und Recht,[184] lassen sich dabei deutlich erkennen. Nach der einen ist der Mensch ein geselliges, in Harmonie und Friedfertigkeit lebendes Geschöpf, nach der anderen ein egoistisches, bösartiges und asoziales Wesen. Dieser grundsätzliche Ausgangspunkt wirkte sich auch auf die Vorstellungen über den Naturzustand und die Entstehung von Staat und Recht aus. Wo der Mensch seiner Natur nach als geselliges Wesen erscheint, dort ist der Staat das Ergebnis eines friedlichen

Zusammenschlusses zum Zwecke des Gemeinwohls. Wo die Ungeselligkeit die Natur des Menschen bestimmt, dort muß der Staat als eine dem Menschen auferlegte Zwangsanstalt angesehen werden. In beiden Fällen geht dem Zusammenschluß nach den Vorstellungen der Naturrechtler des 17. Jh. ein Vertrag voraus, der als „das konstruktive Scharnier zwischen dem status libertatis und dem status civilis“[185] die consociatio humana begründet, wobei die Auffassungen über das Wesen des Vertrages ebenfalls wieder nicht einhellig waren. Grotius, der vom Eigentumserwerb ausgeht, sieht das Leitbild des Vertrages in der Eigentums- und Rechtsübertragung, wogegen Hobbes, dessen Vertragsmodell am Herrschaftsvertrag orientiert ist, den Vertrag nicht als Vereinbarung, sondern als Rechtsaufgabe auffaßt.[186]

Thomas Hobbes (1588—1679)[187], der unter dem unmittelbaren Einfluß Galileis als erster die Denkform des Naturgesetzes konsequent auf die menschliche Gesellschaft übertrug[188], entwickelte unter dem Eindruck der Bürgerkriegsverhältnisse in England[189] eine ausgeprägt absolutistische Staatstheorie. Sie bildete eine wichtige Grundlage für die weitere Ausgestaltung der modernen Staatslehre. Doch Hobbes selber stieß wegen seiner äußerst extremen Anschauungen auf leidenschaftlichen Widerspruch. Nach seiner Auffassung beendet der Gesellschaftsvertrag den Kampf aller gegen alle und schafft einen Zustand der Ruhe und Ordnung, über den die Staatsmacht wacht. Das Individuum erkauft sich seine Sicherheit durch völlige Aufgabe seiner Freiheit. Für jeden Einzelnen aus der Gesamtheit bedeutet das unter dem schon angedeuteten Gesichtspunkt des Vertrages als Rechtsaufgabe den wechselseitigen Verzicht auf das ursprüngliche, natürliche Recht aller Individuen auf die zur Selbsterhaltung geeignet erscheinenden Mittel bei gleichzeitiger Übertragung dieses Rechts auf den Herrscher. Der Gesellschaftsvertrag geht bei Hobbes sofort in den Unterwerfungsvertrag auf. Der Staat bestimmt, was recht, was unrecht, was gut oder böse ist; er wird zum „Leviathan“, zum „sterblichen Gott“. In diesem Staat gilt ausschließlich der Wille des Fürsten; er ist souverän. Der Einzelne unterwirft sich seinen Entscheidungen. Aus diesem Souveränitätsbegriff ergibt sich auch das Verhältnis des Fürsten zum Recht, das entsprechend der Grundeinstellung der einzelnen Theoretiker ebenfalls sehr unterschiedlich ausgedeutet wird. Das zeigt sich schon in den gegensätzlichen Anschauungen von Bodin und Hobbes, die doch beide die absolutistische Richtung vertreten. Nach Bodin ist der Fürst nicht an die Gesetze gebunden; er steht deshalb jedoch nicht über dem Recht. Der Souverän als Quelle der Gesetze bleibt stets dem Naturrecht unterworfen. Er muß das Eigentum achten und selber auch Verträge einhalten. Diese Differenzierung zwischen Recht und Gesetz lehnt Hobbes ab. Der absolut regierende Fürst unterliegt nach seiner Auffassung keiner

Bindung durch das Naturrecht. Recht und Gesetz sind ein und dasselbe. Das Naturrecht tritt nach dem Zusammenschluß der Individuen zum Staat freiwillig zurück und überläßt die Rechtsbildung dem Staat[190].

Hobbes setzte mit seinem Versuch einer mechanischen Erklärung des Menschen und der sozialen Welt der Naturrechtslehre des Grotius einen anderen Grundtyp von Soziallehre entgegen[191], aus der er durch eine neue Ausdeutung und monistische Konstruktion der Vertragslehre eine absolutistische Staatstheorie entwickelte. Sie löste zwar zahlreiche wissenschaftliche Kontroversen aus, aber die im Interesse der Stuarts beabsichtigte Wirkungen auf die englische Staatenpraxis blieb ihr versagt, wie Hobbes überhaupt durch den Sieg des Parlaments über das Königtum in England widerlegt schien. Zudem mehrten sich in Europa die Anzeichen, daß die Allmacht der Souveräne, die am Ende des 16. und in der ersten Hälfte des 17. Jh. nur allein in der Lage zu sein schienen, den Schutz des Einzelnen zu garantieren, schon in der zweiten Hälfte des 17. Jh. vom aufstrebenden Bürgertum als kaum noch erträgliche Last empfunden wurde. Mit naturrechtlichen Argumenten wurde jetzt zunehmend Kritik am fürstlichen Absolutismus geübt, wie er bisher in gleicher Weise naturrechtlich legimitiert wurde. Die Staats-(Vertrags-)theorien dieser Zeit zielen nunmehr von zwei Seiten auf eine Einschränkung der feudalen Staatsgewalt hin. Die eine Richtung basiert auf den Erkenntnissen von John Locke und ist das Ergebnis der englischen Entwicklung. Der zweiten Richtung gab Samuel Pufendorf das Gepräge. Sie blieb für ein Jahrhundert im deutschen Bereich bestimmend. Die Lehren beider Denker beeinflußten nicht unwesentlich die staatstheoretischen Auffassungen des 18. Jh. im europäischen Bereich sowie auch die Verfassungsentwicklung der nordamerikanischen Staaten. Pufendorf und Locke gingen von den tatsächlichen Herrschaftsverhältnissen ihrer Heimatstaaten aus, als sie, unabhängig voneinander, ihre Vorstellungen von einer beschränkten Monarchie entwickelten. Für beide ist der „Urvertrag" Ausgangspunkt ihrer Überlegungen; beide bevorzugen die dualistische Konstruktion der Vertragstheorie, die vom Gesellschaftsvertrag und vom Herrschaftsvertrag, aber beide gehen von der jeweils entgegengesetzten Position des Herrschaftsvertrages aus.

Samuel Pufendorf (1632—1694)[192] hat in Weiterführung der Gedanken von Grotius und in Auseinandersetzung mit Hobbes ein System der profanen Sozialethik entwickelt[193], in deren Rahmen er sich sehr eingehend mit der Frage nach der Entstehung des Staates beschäftigt und ähnlich wie Hobbes, zwischen einer rationalen und einer realen historischen Erklärung der Staatsgründung unterscheidet[194].

Bei der rationalen oder, wie er sagt, moralischen Erklärung, bedient sich

Pufendorf der Denkmodelle vom status naturalis und vom Sozialkontrakt. Nach seiner Auffassung führt weder der Geselligkeitstrieb allein, wie bei Althusius und Grotius, noch die Furcht allein, wie bei Hobbes und Spinoza, den Zusammenschluß zur Gesellschaft herbei. Indem er beide Gründe gelten läßt, vermittelt er zwischen den gegensätzlichen Auffassungen seiner Vorgänger. Der Zusammenschluß geschieht nach seiner Konstruktion durch Willenseinigung in drei Schritten: Zuerst wird durch pactum die Vereinigung der Gesellschaft (societas) in der Weise herbeigeführt, daß „die zukünftigen Bürger jeder mit jedem untereinander einen Vertrag eingehen, daß sie eine beständige Gemeinschaft gründen und ihrem Wohl und ihrer Sicherheit durch gemeinsamen Rat und gemeinsame Führung dienen wollen“[195]. Nach dem Gesellschaftsvertrag, durch den eine persona moralis composita entsteht, erfolgt durch Mehrheitsbeschluß die Einigung über die Regierungsform (decretum circa formam regiminis), der schließlich der Unterwerfungsvertrag folgt, „durch den der oder die bestimmt werden, denen die Regierung übertragen wird. Dadurch verpflichtet sich die Obrigkeit zur Sorge für das Gemeinwohl und die allgemeine Sicherheit, die übrigen zum Gehorsam. Dadurch geschieht zugleich die Unterwerfung und Einigung aller Willen, wodurch der Staat erst eine Person wird. Durch diesen Vertrag erhält der Staat seine Vollkommenheit“[196]. Die Regierung, der Monarch, erhält auf Grund des Vertrages das summum imperium; sie ist in ihrer Herrschaft souverän. Damit vertritt Pufendorf, wie viele Theoretiker des Absolutismus, grundsätzlich die Lehre von der Herrschersouveränität, läßt aber doch die Möglichkeit offen, daß bei Abschluß des Unterwerfungsvertrages von vornherein Vorbehalte (leges fundamentales) gegen die unumschränkte Macht des Herrschers gemacht werden. Pufendorf hält durchaus am Souveränitätsbegriff Bodins fest, indem er eine Teilung der Souveränität ablehnt, aber er läßt zeitliche Beschränkungen zu, wie die Bestellung eines Monarchen auf Lebenszeit, oder Einschränkungen in der Art, daß er über einzelne Sachgebiete keine absolutam disponendi potestatem erhält, sondern stets an die Zustimmung des „Volkes“, der Stände, gebunden ist. Die trotz Herrschersouveränität also durchaus beschränkbare Monarchie Pufendorf'scher Prägung, fand große Anerkennung. Diese Lehre blieb fast ein Jahrhundert in Deutschland herrschend[197]; sie war dem aufgeklärten Absolutismus gewissermaßen auf den Leib zugeschnitten[198]. Pufendorfs Staats- und Rechtslehre haben die rechtsphilosophischen Anschauungen von Christian Thomasius (1655–1728)[199] und Christian Wolff (1679–1754)[200] sowie die ihrer Schüler[201] nachhaltig beeinflußt. Ihnen allen war der theoretische Ausgangspunkt und die Vertragskonstruktion sowie die praktisch-politische Zielstellung gemeinsam; aber ihr Wirken war nicht gegen die feudale Ordnung, sondern nur auf ihre Verbesserung und Weiterentwicklung gerichtet. Sie begnügten sich damit, daß ihre aufklärerischen Forderungen nach Toleranz, Humanisierung der Strafrechtspflege, Freigabe der Leibeigenen und Hilfe für die Armen berücksichtigt wurden, und vertrauten darauf, daß der „aufgeklärte" Herrscher im Sinne der Wolffschen Lehre vom Staat als Nützlichkeitsanstalt auch das Wohlergehen des Einzelnen im Auge habe. Der Gedanke, daß Menschen aus dem Volke Regierungsverantwortung tragen könnten, kam ihnen so wenig wie ihren unmittelbaren Nachfolgern, wenn bei denen auch schon der Einfluß Rousseaus unverkennbar ist.

Während des 18. Jh. sind Pufendorfs staatstheoretische Auffassungen im Rahmen seiner Naturrechtskonzeption durch die Lehren seiner Schüler Thomasius und Wolff im deutschen Bereich zwar etwas verblaßt, aber nicht in Vergessenheit geraten[202]. Immerhin hat sich noch Friedrich II. von Preußen mit Pufendorfs Unterscheidung zwischen Gesellschaftsvertrag und Unterwerfungsvertrag beschäftigt. Auch andere Monarchen zeigten sich an Pufendorfs Werken interessiert wie Kaiser Joseph II., Zar Peter der Große und Zarin Katharina II.[203] Ein ganz besonderes Ansehen genoß Pufendorf in Westeuropa, was allein schon daraus erhellt, daß unter den zahlreichen Übersetzungen seiner beiden Hauptwerke De iure naturae et gentium (1672) und De officio hominis et civis iuxta legem naturalem (1673) ins Französische, Englische, Deutsche, Russische, Italienische, Dänische, Spanische und Niederländische diejenigen in die westeuropäischen Nationalsprachen die meisten Ausgaben mit hohen Auflagen erlebten[204]. Diese Übersetzungen schlagen letztlich eine Brücke zum Heimatland von Pufendorfs Zeitgenossen John Locke; denn auch in England konnten Pufendorfs Ideen Fuß fassen. Sie fanden über den Ipswicher Pfarrer John Wise (1652—1725) sogar noch vor denen Lockes in Nordamerika Anhänger[205]. Eine direkte Verbindung zwischen Locke und Pufendorf stellt der Pufendorf-Übersetzer ins Französische, der hugenottische Flüchtling Jean Barbeyrac (1674 bis 1744) her, der seinem Autor auch den französischen Sprachraum öffnete und über seine Nachfolger Jean-Jacques Burlamaqui und Emer de Vattel das naturrechtliche Staats- und Rechtsdenken in der französischen Schweiz wachhielt, von wo es in der zweiten Hälfte des 18. Jh. auch in Frankreich einzudringen begann. Barbeyrac, der nach 17jährigem Aufenthalt in Berlin 1710 als Professor für Naturrecht nach Lausanne ging, und von 1718 bis zu seinem Tode an der Universität Groningen wirkte, war nicht nur Übersetzer, sondern zugleich der maßgebende Pufendorf-Kommentator im 18. Jh. Er versah fast alle französischsprachigen und alle in englischer Sprache erschienenen Ausgaben mit Vorworten und Anmerkungen[206]. Dabei verhehlte er keineswegs, daß er auf Grund seiner persönlichen Erfahrungen im Staate Ludwigs XIV. mit den staatstheoretischen Anschauungen Pufendorfs durchaus nicht immer konform geht[207]. In der Beurteilung des Herrschaftsvertrages stand er jedenfalls den ihm bekannten Auffassungen John Lockes entschieden näher[208], dem anderen Theoretiker von europäischem Rang, der für eine beschränkte Monarchie eintrat.

John Locke (1632–1704) rechtfertigte als Parteigänger Wilhelms von Oranien die englische Revolution von 1688. Dieser politische Standort spiegelte sich in seinen naturrechtlichen Anschauungen und in seiner Staatstheorie wider. Im Gegensatz zu der absolutistischen Staatslehre seines Gegners und Zeitgenossen Hobbes setzte Locke die bisherige Tradition der englischen Staatslehre fort, die ausgehend von George Buchanan, über Robert Parson, Richard Hooker, Henry Parker, William Prynne, Samuel Rutherford, John Milton, Algernon Sydney und James Harrington mit der Vertragskonstruktion operierte und dabei die Volkssouveränität zum Ausgangspunkt nahm[209]. Locke geht in seinem 1690 erstmals erschienenen Hauptwerk Two treatises of government[210] von zwei Verträgen aus. Durch den einen verbinden sich die im Naturzustand völlig frei und gleichlebenden Menschen wegen möglicher Unsicherheiten im Friedenszustand zu einer „community". Die vertraglich geschaffene Autorität liegt zunächst immer bei der Gesamtheit, also bei der vereinigten Menge und ihren Mehrheitsbeschlüssen. Diesen Ausgangspunkt hat Locke mit vielen vor ihm gemeinsam. Die Besonderheit seiner Überlegungen liegt darin, daß sich der Einzelne nicht völlig der Autorität der „community" unterwirft, sondern nur einen Teil seiner ursprünglichen Rechte abtritt, d. h. nur die, welche für die Gesamtheit zur Aufrechterhaltung von Frieden und Sicherheit notwendig sind[211]. Das hat bei Locke zweierlei Konsequenzen. Zum einen verzichtet der Einzelne nicht auf die Rechte auf Leben, Freiheit und Eigentum, zum anderen erkennt er Mehrheitsbeschlüsse nur in soweit an, als sie dem Gemeinwohl dienen. Aus der Differenzierung der natürlichen Rechte und aus den weiteren Überlegungen über die nicht in den Staatsvertrag eingebrachten, unveräußerlichen Rechte entwickelten sich zur Einschränkung der feudalen Staatsgewalt die Theorien über die Menschen- und Bürgerrechte, die am Ende des 18. Jh. in Nordamerika und Frankreich zur politischen Wirksamkeit gelangten. Eine Möglichkeit, die in der Praxis übermächtigen Staatsgewalt einzuschränken, sah Locke auch in der Teilung dieser höchsten Gewalt. Hierfür entwickelte Locke ebenfalls die ersten Gedanken.

Locke wurde damit zum bekanntesten und einflußreichsten Vertreter der liberalen Konzeption in der englischen Staatslehre, die für Jahrzehnte herrschend blieb und die Verfassungsentwicklung mitbestimmte. Auch auf dem Kontinent erlangten seine auf der Basis des Naturrechts entwickelten staatstheoretischen Vorstellungen erheblichen Einfluß und regten zu weiteren, verfeinerten Überlegungen an, was sich deutlich in Montesquieus Werk widerspiegelt. Aber im Unterschied zu Locke, der Ende des 17. Jh. schon unter einer konstitutionellen Monarchie theoretisch für deren Berechtigung eingetreten war, verfolgte Montesquieu dieses Ziel erst in der ersten Hälfte des 18. Jh. aber unter den erschwerten Bedingungen des französischen Absolutismus, d. h. als Gegner der herrschenden Ordnung, deren Machtapparat sich jederzeit gegen ihn wenden konnte[212].

Charles de Sécondat de la Brède et de Montesquieu (1689—1755) übte in allen seinen Werken schärfste Kritik an den bestehenden Zuständen des absolutistischen Frankreich. Gegen Ende seines Lebens entwickelte er 1748 in seinem Hauptwerk über den „Geist der Gesetze" (De l'esprit des lois) in Verwertung der bisherigen Erkenntnisse der Vertragstheorie sowie der europäischen und außereuropäischen Staatspraxis seine Lehre von der Gewaltenteilung oder von der Gewaltentrennung[213]. Nach seiner Auffassung ist zur Aufrechterhaltung der allgemeinen Ordnung der Staat notwendig, aber dem Staat muß die Möglichkeit einer schrankenlosen, despotischen Machtausübung genommen werden, indem die seit Bodin anerkannte Idee einer einheitlichen Souveränität wohl nicht aufgehoben, so doch durch eine gegenständliche Aufgliederung der Staatsgewalt modifiziert wird. Montesquieu sieht eine wirksame Kontrolle der Machtausübung in der funktionellen Dreiteilung der Staatsgewalt in Legislative, Exekutive und Judikative, sowie in ihrer gleichzeitigen organisatorischen Trennung. Die Legislative soll in der Hand einer Vertretungskörperschaft liegen, bestehend aus Oberhaus (Kammer der privilegierten Stände) und Unterhaus (Kammer des dritten Standes); die Exekutive bleibt dem König vorbehalten, der allerdings den Gesetzen unterworfen ist; die Rechtspflege schließlich soll von unabhängigen Richtern ausgeübt werden.

Bei aller Anerkennung von Montesquieus wissenschaftlichen Ergebnissen über allgemeine objektive Gesellschaftsgesetze und über Staat und Gesetz, die er mit Hilfe historischer und rechtsvergleichender Forschungsmethoden zu erreichen vermochte, blieb seine eigentliche politische Zielstellung im Kampf gegen den Despotismus schon unter seinen Zeitgenossen umstritten[214]. Der historische Abstand erlaubt die Feststellung, daß Montesquieus scharfe Angriffe gegen das Bestehende weniger im Interesse des dritten Standes, sondern zur Wiederherstellung der Rechte des Adels geführt wurden, so daß seine Grundhaltung zumindest als konservativ bezeichnet werden muß. Das darf aber nicht darüber hinwegtäuschen, daß seine Lehre von der Gewaltenteilung in Europa und in Nordamerika eine starke Wirkung ausgeübt hat, weil sie einerseits die Einschränkung des in vielen Staaten herrschenden Absolutismus verfocht und andererseits einen relativ leichten organisatorischen Übergang zu einem bürgerlich-parlamentarischen System ermöglichte. In der Staatenpraxis wurde die Gewaltenteilung allerdings meist nur in abgeschwächter Form verwirklicht, wobei die Macht der im Staate Herrschenden noch dadurch gestärkt wurde, daß eine der Gewalten, meist die Legislative, den Vorrang vor den anderen erhielt, wie das aus den deutschen Verfassungen des 19. Jh. hervorgeht.

Während Montesquieu als Interessenvertreter des Adels gegen den französischen Absolutismus auftrat, gehörte Jean Jacques Rousseau (1712 bis 1778)[215] zur bürgerlichen Oppositionsrichtung. Als Interessenvertreter des Kleinbürgertums lehnt Rousseau alle den Absolutismus nur einschränkenden Lehren, insbesondere auch Montesquieus Vorstellungen konsequent ab. Nach seiner Auffassung kommt es nicht darauf an, die Macht im Staat zwischen Herrscher und Volk zu teilen, sondern den alten feudalen Staatsapparat zu zerschlagen. Wie alle Naturrechtler seiner Zeit benutzt er für seine Beweisführung das Denkmodell des Vertrages, das um Mitte des 18. Jh. auch in Frankreich Allgemeingut der Gebildeten[216] und schon im ersten Band der Encyclopédie ou Dictionnaire raisonné des Sciences, des arts et des métiers von Diderot und d'Alembert der Lehre vom Gottesgnadentum vorgezogen wurde. Über dieses einzigartige Werk fließen nun weitere Erkenntnisse über die politische Theorie der Naturrechtler nach Frankreich ein. Auch Rousseau besitzt umfassende Kenntnisse über die Werke seiner Vorgänger Althusius, Hobbes, Locke, Pufendorf in der französischen Übersetzung von Barbeyrac und verwertet sie in seinen Schriften[217].

Rousseau geht in seinen Überlegungen, wie üblich, vom Naturzustand des Menschen aus. Hier fällt schon auf, daß er nicht wie seine Vorgänger eine unveränderliche Menschennatur zugrundelegt — böse oder gut, gesellig oder ungesellig —, sondern daß er im Entwicklungsprozeß der Menschheit das Naturgegebene sieht. Die ständigen Veränderungen führen schließlich einen Zustand herbei, der im Interesse der Menschheit eine Staatengründung notwendig macht. Er macht den Staatstheoretikern geradezu den Vorwurf, unter dem Menschen im Naturzustand nur den jeweiligen Gegenwartsmenschen ihrer Zeit, außerhalb des Staates gedacht, zu sehen. Allerdings geht er im contrat social selber auch nicht auf Einzelheiten ein, sondern spricht generell von einer Entwicklungsstufe des Menschen, in der sich Hindernisse (obstacles) aufbauen, die nur durch Vereinigung des Menschengeschlechts zum Staat überwunden werden können. Da dabei die ursprüngliche naturrechtliche Freiheit nicht verloren gehen darf, kann eine solche Vereinigung nur durch einen Gesellschaftsvertrag erfolgen, durch den die

Beteiligten mit ihren Einzelwillen einen Gesamtwillen, den Gemeinwillen, die volonté générale, erzeugen. Da also in der volonté générale der Wille jedes Einzelnen mitenthalten ist, unterwirft sich jeder in einem so aufgebauten Staat und seinen Gesetzen letzlich nur sich selber, und damit ist die Freiheit des Einzelnen gewahrt. Auf diese Weise geht alle Staatsgewalt vom Volke oder, wie sich Rousseau ausdrückt, von der Nation aus. Damit stellt er der zu seiner Zeit im Interesse des Absolutismus vielfach vertretenen Lehre von der Herrschersouveränität eine äußerst konsequente Volkssouveränitätslehre entgegen. Der zweite Vertrag, der Unterwerfungsvertrag, ist allerdings in Rousseaus Konstruktion kaum zu erkennen, weil er, in der Methode Hobbes folgend, eine monistische Lösung bevorzugt, indem er den Gesellschaftsvertrag sofort in den Herrschaftsvertrag aufgehen läßt[218]. Damit ist der entgegengesetzte Extrempunkt innerhalb der Vertragstheorien erreicht worden. Alle späteren Theorien konnten sich — wie im übrigen auch die früheren — nur noch in dem von Hobbes einerseits und Rousseau anderseits abgesteckten Rahmen bewegen oder die Theorie vom staatsbegründenden Vertrag endgültig fallen lassen, wie sich das in der weiteren Entwicklung zeigen sollte.

Mit seinen Lehren wurde Rousseau zum ideologischen Wegbereiter der Französischen Revolution, die er selber nicht mehr erlebte. Doch auch im deutschen Raum fand er Anhänger, unter denen Immanuel Kant[219] und — zeitlich sogar schon früher — Johann Gottlieb Fichte[220] die bekanntesten sind. Ob dabei Fichtes Lehre vom staatsbegründenden Vertrag „in gewisser Weise als Weiterbildung und Vollendung der Rousseauschen Zentralkonzeption“ verstanden werden kann[221], soll dahingestellt bleiben. Mit Sicherheit steht Fichte, der wohl den Sozialvertrag am konsequentesten ausdeutete und die Möglichkeit der Staatsauflösung sowie das Recht des Volkes auf Revolution begründete, Rousseaus Grundanschauungen näher als Kant, der zwar auch den Sozialvertrag in seine Staatslehre aufgenommen hat, aber in vielen wichtigen Punkten seine Selbständigkeit betont. Doch Kants Autorität stützte die Vertragstheorie bis tief in das 19. Jh. hinein[222], wenn nun auch nicht mehr zu übersehen ist, daß die staatstheoretischen Anschauungen G. W. F. Hegels, der den Vertrag als Ursprung des Staates ablehnte, der bürgerlichen Staatsphilosophie eine entscheidend neue Richtung gaben.

V

Wenn eingangs behauptet wurde, daß die Vertragstheorie die bedeutendste vormarxistische Staatstheorie gewesen war, so wird das allein schon dadurch unterstrichen, daß sie acht Jahrhunderte lang als staatstheoretische Grundlage in der politischen Entwicklung Europas und später auch Nordamerikas eine wichtige Rolle gespielt hat. Sie konkretisierte sich dabei von einem unter feudalstaatlichen Verhältnissen entstandenen politischen Argument zu einer bürgerlichen Anschauung über Ursprung und Wesen von Staat und Staatsgewalt. So wurden mit ihr seit Ende des 11. Jh. die imperiale Machtpolitik der Kaiser und die Weltmachtansprüche der Päpste beim Streit beider um die Vorrangstellung im mittelalterlich-christlichen Universalreich entweder begründet oder publizistisch bekämpft. Dieser Theorie bediente sich zwei Jahrhunderte später das Königtum der westeuropäischen Nationalstaaten England, Spanien und vor allem Frankreich in ihren Kämpfen um Unabhängigkeit von Kaiser und Papst, um ihre Selbstständigkeit also gegenüber der Universalmonarchie, aber gleichzeitig auch zur Festigung seiner Stellung innerhalb der sich herausbildenden zentralisierten ständisch-repräsentativen Monarchien. Nachdem zwischenzeitlich in der katholischen Kirche der innerkirchliche Streit zwischen Konziliaristen und Kurialisten unter Berufung auf die Vertragstheorie ausgefochten wurde, bildete diese Lehre auch eine der theoretischen Grundlagen für die Begründung des Absolutismus, bis mit ihr schließlich die feudale Gesellschaftsordnung selber infrage gestellt werden sollte. Das alles war möglich, weil sich die einflußreichen politischen Gegner, die in der Regel auf zwei etwa gleichstarke Interessengruppen reduzierbar waren, auf Rechtsansprüche beriefen, die theoretisch als ein Vertragsverhältnis, als ein Vertrag über die Herrschaftsverhältnisse konstruiert werden konnten und das umso mehr, als eine derartige, weitgefaßte Vertragskonstruktion je nach politischer Machtlage völlig entgegengesetzten Anschauungen wie auch viele zwischen den Gegenpositionen liegende Kompromisse in den verschiedensten Abstufungen zuließ. Eine solche Machtkonstellation war Ausgangspunkt für eine theoretische Auffassung, die sich im weiteren Verlauf zur Vertragstheorie entwickeln konnte. Dabei ging es anfangs weder um den Ursprung der Staatsgewalt noch um den des Staates, sondern zunächst um Abhängigkeit oder Unabhängigkeit der unumstritten höchsten Gewalten im mittelalterlich-christlichen Universalreich, Kaiser und Papst, voneinander und später um die der nächstniederen Gewalten, der Könige, von den höchsten. Erst im Zusammenhang mit den Machtkämpfen innerhalb der zentralisierten ständisch-repräsentativen Monarchien wurde die Lehre vom abgeleiteten Charakter der Staatsgewalt als wichtiger Teil der späteren Vertragstheorie entwickelt. Die vielseitige Anwendbarkeit dieser (Teil-)Theorie findet ihre Erklärung in der Vieldeutigkeit des Begriffes Vertrag, in der Unklarheit also, um welche Art Vertrag es sich beim Herrschafsvertrag handelt, und in dem imaginären Vertragspartner „Volk" als Urheber der Staatsgewalt. Gerade Letzteres hat dazu geführt, die Anfänge der Volkssouveränitätslehre viel zu früh zu sehen. Durch immer wieder neue Auslegung und Ergänzung der allgemeinen Begriffe Vertrag und Volk wurde erreicht, daß im Laufe der Zeit eine Fülle von Varianten der Lehre vom Herrschaftsvertrag entstanden, daß aber auch spezielle Lehren über das Rechtssubjekt Volk, über seine Vertreter oder Repräsentanten und über den Staat ganz allgemein eine zunehmende Rolle zu spielen begannen, bis aus den Lehren vom Gesellschaftsvertrag und vom Herrschaftsvertrag die eigentliche Vertragstheorie entstand. Aus dem umfangreichen Argumentationsmaterial konnten sich darüberhinaus eine Reihe wichtiger staatstheoretischer Begriffe und staatsrechtlicher Institutionen herauskristallisieren, die zunächst nur für die zeitgenössische Politik bestimmt waren, aber auch noch heute von außerordentlicher Bedeutung sind, wie der Souveränitätsbegriff, der für alle Staaten, gleich welcher Größe und Einfluß, in der Gegenwart gilt, oder die Herausbildung der Menschenrechte, die sowohl in den amerikanischen und französischen Deklarationen des 18. Jh. in den verfassungsmäßigen Grundrechten als auch in der Menschenrechtskonvention von 1948 weiterwirken. Für die Staatenpraxis war diese Theorie zweifellos von Wichtigkeit. Sie aber als Theorie vom Ursprung des Staates anzusehen ist dagegen falsch. Nur wenige ihrer Vertreter sahen im Vertrag den historischen Anfang des Staates, die meisten benutzten sie als rationale Konstruktion, die Naturrechtler ganz bewußt als Lehrfabel (fabula docet). Diese Theorie sollte nur die jeweiligen Machtverhältnisse in den bestehenden Staaten rechtfertigen, weshalb der ebenfalls verwendete Begriff Rechtfertigungstheorie der allein vertretbare ist. Eine Theorie vom Ursprung des Staates setzt wissenschaftlich begründete historische Untersuchungen über die tatsächlichen Anfänge voraus. Diese beginnen in umfassender Weise mit Marx und Engels, die aus ihrer wissenschaftlichen Geschichtskonzeption heraus nicht nur den Fragen nach dem Ursprung des Staates nachgehen, sondern auch eine völlig neue Staats- und Rechtstheorie entwickelten, die zwischen Staat und Gesellschaft keinen Widerspruch mehr sieht und die in den sozialistischen Staaten heute in die Praxis umgesetzt wird.

ANMERKUNGEN

1 Über die Entstehung des Wortes Staat und über seine Vorläufer vgl. Georg Jellinek, Allgemeine Staatslehre, 4. Auflage von Walter Jellinek herausgegeben. Berlin 1922, S. 129–135.

2 Jellinek, a. a. O., S. 197.

3 Neuzeitliche Staatsgründungen auf vertraglicher Grundlage, wie die Pflanzungsverträge der Puritaner in Nordamerika, können nicht als Beweismittel gewertet werden, da hier eine bewußte Anknüpfung an die damals schon bestehende Vertragstheorie vorliegt (Jellinek, S. 271, Anm. 3).

4 Über den Gesellschaftsvertrag als wichtige Konstruktion des Naturrechts, vgl. Franz Wieacker, Privatrechtsgeschichte der Neuzeit, 2. Auflage, Göttingen 1967, S. 267ff. und neuerdings ders., Contractus und obligatio im Naturrecht zwischen Spätscholastik und Aufklärung, in: La Seconda Scolastica nella Formazione del diritto privato moderno, Milano 1973, S. 225f., 230.

5 Eberhard Poppe, Jean-Jacques Rousseaus Volkssouveränitätslehre — eine bürgerlich-revolutionäre Staatstheorie, in: Staat und Recht 10 (1962), S. 1679ff.

6 Gottfried Koch, Auf dem Wege zum Sacrum Imperium. Studien zur ideologischen Herrschaftsbegründung der deutschen Zentralgewalt im 11. und 12. Jahrhundert, Berlin 1972.

7 Neben Gottfried Koch, a. a. O., sei als Beispiel auf Ernst Reibstein: Johannes Althusius als Fortsetzer der Schule von Salamanca, Karlsruhe 1955, verwiesen, speziell auf den Abschnitt 5: Die Volkssouveränität der Spätscholastik (S. 92 bis 135). Auch die Arbeit von Friedrich August von der Heydte, Die Geburtsstunde des souveränen Staates. Ein Beitrag zur Geschichte des Völkerrechts, der allgemeinen Staatslehre und des politischen Denkens, Regensburg 1962, ist in diesem Zusammenhang zu erwähnen.

8 Julius Kaerst, Die Entstehung der Vertragstheorie im Altertum, in: Zeitschrift für Politik 2 (1909), S. 505ff.; Reimar Müller, Die epikureische Gesellschaftstheorie, Berlin 1972, S. 45ff., S. 68ff.

9 H. J. Becker, Stichwort „Herrschaftsvertrag", in: Handwörterbuch zur deutschen Rechtsgeschichte, (West-)Berlin 1972.

10 John W. Gough, The Social Contract, A Critical Study of its Development. Second Edition. Oxford 1957, S. 2ff.

11 Jellinek, a. a. O., S. 283.

[12] Karl Jordan, Der Kaisergedanke in Ravenna zur Zeit Heinrichs IV., in: Deutsches Archiv für Geschichte des Mittelalters, 2 (1938), S. 85ff.

[13] Koch, a. a. O., S. 18.

[14] Vgl. hierzu und zum Folgenden Fritz Kern, Gottesgnadentum und Widerstandsrecht im frühen Mittelalter. Zur Entwicklungsgeschichte der Monarchie. 2. Aufl. herausgegeben von Rudolf Buchner, Münster—Köln 1954, S. 178ff., speziell S. 198—202.

[15] Ep. 16, zitiert nach Kern, a. a. O., S. 201.

[16] Hermann Conrad, Deutsche Rechtsgeschichte, Bd. I, Frühzeit und Mittelalter, 2. Aufl., Karlsruhe 1962, S. 233ff.

[17] Koch, a. a. O., S. 34ff.

[18] Kern, a. a. O., S. 202—212 und Anhang XXXIII.

[19] Karl Jordan, Kaisergedanke, S. 88ff.

[20] Eugen Rosenstock, Königshaus und Stämme in Deutschland zwischen 911 und 1250, Leipzig 1914, S. 272.

[21] Petri Crassi defensio Heinrici IV. regis, ed. L. v. Heinemann, in: MG LdL I, Hannover 1891, S. 434—453, vgl. Gottfried Koch, a. a. O., S. 37f.

[22] Einzelheiten des Inhalts und frühere Versuche, die Grundsätze des römischen Rechts auf das Kaisertum anzuwenden, bietet Karl Jordan, Kaisergedanke, S. 94ff.

[23] Karl Jordan, Ravennater Fälschungen aus den Anfängen des Investiturstreites, in: Archiv für Urkundenforschung, 15 (1938), S. 426ff.

[24] Es handelt sich um vier Urkunden:
a) das sog. Hadrianum (MG Const. I, n. 446, S. 657)
b) das Privilegium minus (MG Const. I, n. 448, S. 665)
c) das Privilegium maius (MG Const. I, n. 449, S. 667)
d) die Cessio donationum (MG Const. I, n. 450, S. 674)
Einzelheiten bei Jordan, a. a. O.

[25] Heydte, a. a. O., S. 345.

[26] Cod. I, 17,1 § 7: lege antiqua quae regia nuncupatur, omne ius omnisque potestas populi Romani in imperatoriam translata sunt potestatem. D I, 4,1: Quod principi placuit, legis habet vigorem; utpote cum lege regia, quae de imperio eius lata est, populus ei et in eum omne suum imperium et potestatem conferat. Ebenso Inst. I, 1,6.

[27] Privilegium maius, a. a. O., S. 673: Nemo enim se ipsum potest regem facere, sed populus primum sibi creavit regem, quem voluerat. Sed cum factus fuerat rex, iam habuit potestatem in omnibus, et iam non potest amplius populos iugum eius de cervice sua repellere. Facto autem rege, de regno eum repellere non est in potestate populi, et sic voluntas populi in necessitatem convertitur. Übersetzung von Gottfried Koch, a. a. O., S. 136.

[28] Über den Ursprung dieser Auffassung vgl. Jordan, Kaisergedanke, S. 112ff.

[29] A. a. O., S. 116.

[30] Georg Koch, Manegold von Lautenbach und die Lehre von der Volkssouveränität unter Heinrich IV. (Historische Studien Heft XXXIV), Berlin 1902, S. 99ff.;

Wilfried Hartmann, Manegold von Lautenbach und die Anfänge der Frühscholastik, in: Deutsches Archiv für Erforschung des Mittelalters, 26. Jg. (1970), S. 47–149.

31 Manegoldi ad Gebehardum liber c. 30, ed. K. Francke in: MG LdL I, Hannover 1891, S. 365.

32 Kern, a. a. O., S. 218.

33 Gottfried Koch, a. a. O., S. 11ff.

34 Zuletzt Hermann Conrad, Deutsche Rechtsgeschichte, Bd. I, 2. Aufl. Karlsruhe 1962, S. 213.

35 Die gleiche Auffassung vertritt mit anderen Gründen Alois Dempf: Sacrum Imperium. Geschichts- und Staatsphilosophie des Mittelalters und der politischen Renaissance. München–Berlin 1929, S. 209.

36 Der Verfasser des „Liber ad Gebehardum" ist nichts weniger als ein selbständiger Geist, der zur Schaffung umgestaltender staatsrechtlicher Theorien fähig wäre. Dazu fehlt ihm wie die Gabe, so auch Sinn und Interesse. Manegold will auf die Gegenwart wirken, will Erfolg erringen in dem kirchlichen und politischen Kampfe, der ihn umtobt, und zu diesem Zweck greift er Gedanken auf, die ihm agitatorisch wirksam erscheinen. (Georg Koch, a. a. O., S. 156).

37 Inwieweit hier die Formulierung Isidors von Sevilla Berücksichtigung fand „Der populus ist der Zusammenschluß einer Menschenmenge, die durch Übereinstimmung im Recht und einträchtige Gemeinschaft in ihm verbunden ist" (zitiert nach Heydte: S. 209) bedarf noch einer Untersuchung.

38 Gottfried Koch, a. a. O., S. 219.

39 A. a. O., S. 138.

40 A. a. O., S. 244.

41 Kern, a. a. O., S. 244f.

42 Dazu und zum folgenden vgl. Helmut Coing, Römisches Recht in Deutschland (Jus Romanum Medii Aevi, Pars V, 6) Mediolani 1964, S. 30ff.

43 Über die doppelte Bedeutung dieses Begriffs im Sinne von Befehlsgewalt und von Reich, vgl. Artikel „Imperium" von H. Holzhauer in: „Handwörterbuch zur Deutschen Rechtsgeschichte" Sp. 330ff.

44 Im Vorwort der Konstitutionen von Melfi aus dem Jahre 1231 wird auf die Gottesunmittelbarkeit der Herrschaft, in Liber I, tit. XXXI auf die lex regia bezug genommen, vgl. Die Konstitutionen Friedrichs II. von Hohenstaufen für sein Königreich Sizilien, herausgegeben und übersetzt von Hermann Conrad (†), Thea von der Lieck-Buyken und Wolfgang Wagner (Studien und Quellen zur Welt Kaiser Friedrichs II.), Köln und Wien 1973, S. 4/5, 44/45.

45 „Translatio imperii" heißt vor allem dieses: Einem Volk wird die Vollmacht genommen und einem anderen gegeben, so Werner Goez: Translatio imperii. Ein Beitrag zur Geschichte des Geschichtsdenkens und der politischen Theorien im Mittelalter und in der frühen Neuzeit. Tübingen 1958, S. 3 Goez verweist aber auch auf die „Innerstaatliche Verwendung" dieses Terminus (S. 386), auf die es hier ausschließlich ankommt, auf die Translatio imperii a populo in principem.

[46] Otto Gierke, Das deutsche Genossenschaftsrecht. Dritter Band: Die Staats- und Korporationslehre des Altertums und des Mittelalters und ihre Aufnahme in Deutschland, Berlin 1881, S. 575ff.

[47] Goez, a. a. O. S. 389.

[48] Tit.: XXXI: Die römischen Bürger haben nicht ohne gewichtige Absicht und wohlerzogene Überlegung durch die Lex Regia das Recht zur Gesetzgebung und die Herrschaft auf den römischen Princeps übertragen: die Gerechtigkeit sollte eben von demjenigen, welcher mit Hilfe des ihm übertragenen kaiserlichen Standes machtvoll über die Völker herrscht, ihren Ursprung nehmen ..., vgl. Die Konstitutionen Friedrichs II. von Hohenstaufen ..., S. 45.

[49] Friedrich Merzbacher, Wandlungen des Kirchenbegriffs im Mittelalter, in: ZRG (KanA) 49 (1953), S. 274ff. speziell S. 291ff.

[50] Feine, Hans Erich, Kirchliche Rechtsgeschichte, Bd. 1 Die katholische Kirche, 2. Aufl. Weimar 1954, S. 271.

[51] Percy Ernst Schramm, Der König von Frankreich. Das Wesen der Monarchie vom 9. zum 16. Jahrhundert. Weimar 1960 S. 181 Dort auch der Hinweis auf den Kommentar von Alanus zur ersten Compilatio der Dekretalen Innozenz III. aus dem Jahre 1208. Vgl. ferner Edmund E. Stengel, Kaisertitel und Suveränitätsidee in: Deutsches Archiv für Geschichte des Mittelalters, 3. Jg. Weimar 1939, S. 1ff., hier speziell S. 39ff.

[52] Giercke, a. a. O., S. 575, Anm. 158 und 159.

[53] A. a. O., S. 576f.

[54] Dempf, a. a. O., S. 339ff.

[55] Über Augustin vgl. Ernst von Hippel, Geschichte der Staatsphilosophie in Hauptkapiteln, I. Band, 2. Aufl. Mergentheim 1958, S. 236ff.

[56] Wilhelm Berges, Die Fürstenspiegel des hohen und späteren Mittelalters, Leipzig 1938, S. 22ff.

[57] Kern, a. a. O., S. 211.

[58] Ob es überhaupt eine augustinische Staatslehre gab, ist mit Heydte, S. 190ff. sehr zu bezweifeln.

[59] Ähnlich Jellinek, a. a. O., S. 187ff.

[60] Conrad, a. a. O., S. 214; Berges, a. a. O.

[61] Joh. Sauter, Die Entwicklung der abendländischen Staatsidee, in: Archiv für Rechts- und Sozialphilosophie, Bd. 27, 1933, S. 72ff., speziell S. 76/77.

[62] Heydte, a. a. O., S. 190.

[63] Schramm, a. a. O. S. 174 unter Hinweis auf Berges, a. a. O., S. 78ff., 131ff., 185ff., 295ff., 303ff.

[64] Der flämische Dominikaner Wilhelm v. Moerbeke war der erste Übersetzer ins Lateinische; die ersten Kommentatoren: Albertus Magnus und Siger von Brabant, vgl. Heydte, a. a. O., S. 166. Die erste Übersetzung ins Französische von Oresme, vgl. Sten Gagnér, Studien zur Ideengeschichte der Gesetzgebung, Uppsala 1960, S. 61.

[65] Heydte, a. a. O., S. 166ff.

[66] A. a. O., S. 179ff.

[67] Hippel, a. a. O., S. 301ff.
[68] A. a. O., S. 301.
[69] 1126–1198.
[70] Gagnér, a. a. O., S. 193ff.
[71] Schramm, König in Frankreich, in: ZRG (Kan A), XXVI, 1937, S. 223.
[72] Sauter, a. a. O., S. 77ff.; Berges, a. a. O., S. 198, 303, 317ff.
[73] Schramm, a. a. O., S. 222; Sauter, a. a. O., S. 82.
[74] Feine, a. a. O., S. 267.
[75] Dempf, a. a. O., S. 448ff.; Berges, a. a. O., S. 211ff.
[76] Berges, a. a. O., S. 227.
[77] Merzbacher, a. a. O., S. 295ff.
[78] Feine, a. a. O., S. 264.
[79] Dempf, a. a. O., S. 406.
[80] Heydte, a. a. O., S. 102.
[81] Wolf, Erik, Große Rechtsdenker der deutschen Geistesgeschichte, 3. Aufl. Tübingen 1951, S. 40.
[82] Reibstein, a. a. O., S. 6.
[83] † 1308.
[84] † um 1340.
[85] Reibstein, a. a. O., S. 98f. Dort auch (Anm. 15 und 16) die Quellennachweise sowie der Hinweis auf Fabers ähnliche Grundauffassung.
[86] Feine, a. a. O., S. 407.
[87] Französ. Kanzler oder vielmehr Großsiegelbewahrer und erster Minister. Über ihn wie über die folgenden vgl. Helene Wieruszowski, Vom Imperium zum nationalen Königtum, München Berlin 1933, S. 114ff.
[88] Nachfolger Flotes in der Kanzlerschaft (1260/1270–1313).
[89] Franz. Advokat (um 1250–1321).
[90] Dempf, a. a. O., S. 414.
[91] Heydte, a. a. O., S. 101ff.; Dempf, a. a. O., S. 422ff.
[92] Dempf, a. a. O., S. 422.
[93] A. a. O., S. 423.
[94] Zitiert nach Dempf, a. a. O., S. 424.
[95] A. a. O., S. 426.
[96] Jordanus von Osnabrück, De praerogativa Romani Imperii, und Alexander von Roes, De translatione Imperii, vgl. Herbert Grundmann, in: Quellen zur Geistesgeschichte des Mittelalters und der Renaissance, hrsg. v. Walter Götz, II. Bd., Leipzig 1930; Dempf, a. a. O., S. 494ff.
[97] A. Posch, Engelbert von Admont, in: Handwörterbuch zur deutschen Rechtsgeschichte, Sp. 918ff.; Dempf, a. a. O., S. 497.
[98] Wie Marsilius Professor in Paris; wie Ockham Schüler des Duns Scotus, vgl. Sauter, a. a. O., S. 86, Anm. 41.
[99] Bruno Gebhardt, Handbuch der deutschen Geschichte, Bd. 1: Frühzeit und Mittelalter, hrsg. von Herbert Grundmann, Stuttgart 1957, S. 435.
[100] Reibstein, a. a. O., S. 100.

[101] Ferdinand Elsener, Zur Geschichte des Majoritätsprinzips, in: ZRG (Kan A) 42 (1956), S. 73ff.

[102] Einzelheiten bei Dempf, a. a. O., S. 430ff.

[103] Johannes Heckel, Marsilius von Padua und Martin Luther in: ZRG (Kan A) 44 (1958), S. 276.

[104] Über Leben und Lebenswerk, vgl. Richard Scholz, Wilhelm von Ockham als politischer Denker und sein Breviloquium de potestate tyrannico, Leipzig 1944 (Monumenta Germaniae historica, 8), über sein Werk vgl. Dempf a. a. O., S. 510ff.; Hans Welzel, Naturrecht und materiale Gerechtigkeit, Göttingen 1962, S. 81ff.

[105] Dempf, a. a. O., S. 523.

[106] A. a. O., S. 524.

[107] Scholz, a. a. O., S. 10.

[108] Welzel, a. a. O., S. 82, Anm. 1.

[109] Erik Wolf, a. a. O., S. 29ff.; Dempf, a. a. O., S. 498.

[110] Merzbacher, a. a. O., S. 310.

[111] Wolf, a. a. O., S. 42ff.

[112] Heydte, a. a. O., S. 109.

[113] Reibstein, a. a. O., S. 104ff.

[114] Friedrich Merzbacher, Das Somnium viridarii von 1376, in: ZRG (Kan A) 42 (1956), S. 55–72, hier speziell S. 60.

[115] Feine, a. a. O., S. 408.

[116] A. a. O., S. 409, Anm. 10.

[117] A. a. O., S. 421, Anm. 8.

[118] Dempf, a. a. O., S. 556; Bezold, a. a. O., S. 39.

[119] Aeneas Sylvius comment. de gestis Basil. consilii libri II, zitiert nach Bezold, a. a. O., S. 388, Anm. 109; vgl. auch Gough, a. a. O., S. 44.

[120] Otto von Gierke, Johannes Althusius und die Entwicklung der naturrechtlichen Staatstheorien, Breslau 1913, S. 96, Anm. 56.

[121] Hierzu und zum folgenden vgl. Reibstein, a. a. O., S. 107.

[122] Nachweise aus der Concordantia catholica des Cusaners und aus den Schriften von Zabarella sowie d'Ailly vgl. a. a. O., Anm. 45–49; Gierke, a. a. O., S. 581ff.

[123] Gierke, a. a. O., S. 592f.

[124] Reibstein, a. a. O., S. 107.

[125] Feine, a. a. O., S. 427.

[126] Bezold, a. a. O., S. 41.

[127] Conrad, a. a. O., S. 370.

[128] Feine, a. a. O., S. 433.

[129] Nachweisungen bei Reibstein, a. a. O., S. 108.

[130] Max Steinmetz, Der geschichtliche Platz des deutschen Bauernkrieges, in: Zeitschrift für Geschichtswissenschaft, XXIII, Jg., Heft 3 (1975), S. 267.

[131] Wilhelm Zimmermann, Der große deutsche Bauernkrieg, Berlin 1952, S. 319.

[132] Eduard Winter, Frühaufklärung, Berlin 1966, S. 12ff. Dort S. 7ff. eine Gesamteinschätzung der spanischen Entwicklung seit Ende des 15. Jh.

[133] Georg Dahm, Deutsches Recht, Stuttgart–Köln, 1951, S. 275.

[134] Wieacker, Privatrechtsgeschichte, S. 284f.
[135] Hier und zum folgenden vgl. Reibstein, a. a. O., S. 110ff.; über den Lebenslauf von Vitoria S. 28ff.
[136] Über frühere Äußerungen hinsichtlich Völkergemeinschaft und Menschengemeinschaft als Respublica christiana, als Friedensgemeinschaft, als Rechtsgemeinschaft vgl. Heydte, a. a. O., S. 223ff.
[137] Friedrich Merzbacher, Azpilcueta und Covarruvias. Zur Gewaltendoktrin der spanischen Kanonistik im Goldenen Zeitalter, in: ZRG (Kan A), XLVI (1960), S. 317.
[138] Neueste Literatur vgl. a. a. O., S. 318, Anm. 6; zum Lebenslauf vgl. Reibstein a. a. O., S. 34.
[139] Literatur bei Reibstein, a. a. O., S. 35, Anm. 68.
[140] Reibstein, a. a. O., S. 35f.
[141] A. a. O., S. 32.
[142] Ipse (papa) dedit potestatem eligendi Imperatorem illis septem magnatibus... Relect. Cap. Novit de iudic. Notab. III, zitiert nach Merzbacher, a. a. O., S. 342, Anm. 88.
[143] Literatur bei Merzbacher, a. a. O., S. 320, Anm. 10, Lebenslauf bei Reibstein, a. a. O., S. 40.
[144] Lebenslauf und Literatur bei Reibstein, a. a. O., S. 52f.
[145] A. a. O., S. 125f. Anm. 119–125.
[146] Ernst Reibstein, Völkerrecht. Eine Geschichte seiner Ideen in Lehre und Praxis. Bd. 1. Von der Antike bis zur Aufklärung. Freiburg/München 1958, S. 289.
[147] Georg May bei der Besprechung von Michael Wilks, The Problem ob Sovereignty in the later Middle Ages. The Papal Monarchy with Augustinus Triumphus and the Publicists. Cambridge 1963, in: ZRG (Kan A) 50 (1964) S. 349ff.
[148] Reibstein, Althusius, S. 136, hier speziell S. 147.
[149] A. a. O., S. 31.
[150] Welzel, a. a. O., S. 110.
[151] Winter, a. a. O., S. 11.
[152] Ernst Friedrich Sauer, Staatsphilosophie, 1965, S. 45ff.: Reibstein, Völkerrecht, S. 313ff.
[153] Reibstein, Völkerrecht, S. 315.
[154] Reibstein, Althusius, S. 72, 188ff.
[155] A. a. O., S. 69.
[156] gedruckt: Lyon 1574 in französischer Sprache; Basel 1576 in lateinischer Sprache.
[157] Reibstein, Althusius, S. 160.
[158] Vollständiger Titel: Vindiciae contra tyrannos sive de principis in populum, populique in principem legitima potestate, Stephano Junio Bruto Celta, Autore. Druck Edinburg 1580, Datum der Vorrede Solothurn 1. Jan. 1577; über die Urheberschaft vgl. Reibstein, Althusius, S. 173, Anm. 119.
[159] Guilielmi Barclaii ... De Regno et Regali potestate adversus Buchananum, Brutum, Boucherium et reliquos Monarchomachos Libri VI. 1600.
[160] Reibstein, Völkerrecht, S. 308.

161 Wolf, a. a. O., S. 193.

162 P. Selmer, Artikel Bodin, Jean (Bodinus) in: Handwörterbuch zur deutschen Rechtsgeschichte, Sp. 464ff.

163 A. a. O., Sp. 466.

164 Werner Näf, Die Epochen der neueren Geschichte, Bd. 1, Aarau 1945, S. 417.

165 Sieglinde C. Othmer, Berlin und die Verbreitung des Naturrechts in Europa, Berlin (West), 1970, S. 145f.

166 A. a. O., S. 146.

167 Gough, a. a. O., S. 47/48 setzt das Erscheinungsjahr dieser Schrift noch früher an.

168 Reibstein, Althusius, S. 66ff.; Jellinek, a. a. O., S. 205.

169 Reibstein, Althusius, passim: Wolf, a. a. O., S. 176ff. Gertrud Schubart-Fikentscher, Artikel Althusius, in Handwörterbuch zur deutschen Rechtsgeschichte, Sp. 142ff.

170 Wolf, a. a. O., S. 181.

171 Wieacker, a. a. O., S. 286.

172 Zitate bei Reibstein, Althusius, S. 196, Anm. 212 und 213.

173 Versuch einer Zusammenstellung bei Reibstein, a. a. O., S. 201.

174 Wolf, a. a. O., S. 203.

175 Die dritte, gering ergänzte Auflage erschien 1614, eine vierte 1625 und bis 1654 noch weitere Ausgaben, vgl. Wolf, a. a. O., S. 201.

176 Über die Geschichte Emdens und seiner Beziehungen zu den Niederlanden, vgl. Gerhard Schilfert, Zur Geschichte der Auswirkungen der Niederländischen Revolution auf deutsche Territorien, in: Zeitschrift für Geschichtswissenschaft, XXIII. Jg. (1975), Heft 1, S. 49ff.; speziell S. 54.

177 K.-H. Ziegler, Artikel Grotius, Hugo, in: Handwörterbuch zur Deutschen Rechtsgeschichte, Sp. 1815ff.; Wieacker, a. a. O., S. 287ff.; Wolf, a. a. O., S. 252ff.

178 Ziegler, a. a. O.,

179 Wieacker, a. a. O., S. 300.

180 Winter, a. a. O., S. 30.

181 Joachim Steisand, Geschichtliches Denken von der deutschen Frühaufklärung bis zur Klassik, Berlin 1964, S. 33.

182 Dahm, a. a. O., S. 135.

183 Wolf, a. a. O., S. 269.

184 Werner Sellnow, Gesellschaft-Staat-Recht, Berlin 1963, S. 25.

185 Franz Wieacker, Die vertragliche Obligation bei den Klassikern des Vernunftrechts, in: Festschrift für Hans Welzel zum 70. Geburtstag, Göttingen 1874, S. 7ff., hier speziell S. 10.

186 A. a. O., S. 17.

187 Welzel, a. a. O., S. 114ff.; Wolf, a. a. O., S. 310ff.; Winter a. a. O., S. 24f.; Richard Schottky, Untersuchungen zur Geschichte der staatsphilosophischen Vertragstheorie im 17. und 18. Jahrhundert (Hobbes-Locke-Rousseau-Fichte), Phil. Diss. München 1963.

188 Wieacker, Privatrechtsgeschichte, S. 303.

189 Sellnow, a. a. O., S. 24f.
190 Wieacker, a. a. O., S. 304f.; Dahm, a. a. O., S. 136, 141.
191 Welzel, a. a. O., S. 131.
192 Wolf, a. a. O., S. 306ff.; Welzel, a. a. O., S. 130ff.; Denzer, Horst, Moralphilosophie und Naturrecht bei Samuel Pufendorf. Eine geistes- und wissenschaftsgeschichtliche Untersuchung zur Geburt des Naturrechts aus der Praktischen Philosophie, München 1972 (Phil. Diss. München 1971).
193 Wieacker, Privatrechtsgeschichte, S. 306.
194 Denzer, a. a. O., S. 165; Bodo Börner, Die Lehre Pufendorfs von der beschränkten Monarchie in: Zeitschrift f. d. gesamte Staatswissenschaft CX (1954), S. 510ff.
195 Zitat bei Denzer, a. a. O., S. 168, Anm. 42.
196 Zitat bei Denzer, a. a. O., S. 168, Anm. 46.
197 Börner, a. a. O., S. 521.
198 Gierke, Althusius, S. 184.
199 Über die Staatslehre des Thomasius vgl. Wieacker, Privatrechtsgeschichte, S. 312ff.; Wolf, a. a. O., S. 400ff., insbesondere S. 406f., neuerdings sehr ausführlich Wolfgang Röd, Geometrischer Geist u. Naturrecht, München 1970 (Abh. d. Bayr. Akad. d. Wiss. Phil.-hist. Klasse Neue Folge, Heft 70) S. 151ff.; Hinrich Rüping, Die Naturrechtslehre des Christian Thomasius u. ihre Fortbildung in der Thomasius-Schule, Bonn 1968, S. 62ff. u. die in diesen Werken aufgeführte Literatur.
200 Über Wolffs Staatslehre vgl. Wieacker, a. a. O., Röd, a. a. O., S. 117ff. und die dort angeführte Literatur; ferner Günter Mühlpfordt, Christian Wolff, ein Bahnbrecher der Aufklärung, in: 450 Jahre Martin-Luther-Universität Halle—Wittenberg, Teil II, Halle 1952, S. 31ff.
201 Thomasius-Schüler vgl. Rüping, a. a. O.; Wolff-Schüler vgl. Wieacker a. a. O.
202 Othmer, a. a. O., S. 135.
203 A. a. O., S. 144/145; Eduard Winter, Halle als Ausgangspunkt der deutschen Rußlandkunde im 18. Jh., Berlin 1953, S. 139f.
204 Othmer, a. a. O., S. 3; über die Pufendorf-Übersetzungen vgl. a. a. O., S. 136ff.
205 Welzel, a. a. O., S. 142ff. Er weist an Hand der Gedenkrede des Präsidenten Coolidge zur 250-Jahrfeier der Unabhängigkeitserklärung im Jahre 1926 daraufhin, daß Pufendorf in den USA auch heute noch nicht vergessen ist.
206 Othmer, a. a. O., S. XI und 143. Barbeyrac war später Mitglied der Berliner Akademie der Wissenschaften, heute Akademie der Wissenschaften der DDR.
207 A. a. O., S. 132f.
208 Derathé, a. a. O., S. 320ff.
209 Sauter, a. a. O., S. 210, Anm. 85.
210 Schottky, a. a. O., S. 260.
211 A. a. O., S. 8ff.
212 Burmeister, Brigitte und Eckart Richter, Die französische Aufklärung — Historische Bedingungen und Hauptetappen ihrer Entwicklung, in: Französische Aufklärung. Bürgerliche Emanzipation, Literatur und Bewußtseinsbildung, Leipzig 1974, S. 8ff.

[213] Dahm, a. a. O., S. 292.

[214] Burmeister, a. a. O., S. 307.

[215] Robert Derathé, Jean Rousseau et la science politique de son temps, Paris 1950; einen Eindruck von der kaum übersehbaren Literatur über Rousseau verschafft Peter C. Mayer-Tasch, Autonomie und Autorität, Neuwied 1968, vgl. auch Sellnow, a. a. O., S. 57ff.; Schottky, a. a. O., S. 53ff.

[216] Jean Ehrard, L'idée de nature en France dans la première moitié du XVIIIe siècle, t. 2. Paris 1963, S. 484.

[217] Othmer, a. a. O., S. 146ff.

[218] Wieacker, Privatrechtsgeschichte, S. 269.

[219] Sellnow, a. a. O., S. 78ff.

[220] Schottky, a. a. O., S. 115ff.

[221] A. a. O., S. 115.

[222] Jellinek, a. a. O., S. 213.

SITZUNGSBERICHTE DER SÄCHSISCHEN AKADEMIE DER WISSENSCHAFTEN ZU LEIPZIG

PHILOLOGISCH-HISTORISCHE KLASSE

Band 111

Heft 1 Prof. D. Dr. WALTER BAETKE, Wörterbuch zur altnordischen Prosaliteratur. Band I. A–L 1965. XI, 398 Seiten – 8° – Br. M 27,40 – Gl. M 30,–

Heft 2 Prof. D. Dr. WALTER BAETKE, Wörterbuch zur altnordischen Prosaliteratur. Band II. M–Ø 1968. II, 426 Seiten – 8° – Br. M 28,50 – Gl. M 31,–

Band 112

Heft 1 Prof. Dr. JOACHIM MÜLLER, Goethes Fragmente einer Tragödie und seine Auffassung vom Tragischen 1965. 31 Seiten – 3 Abb. – 8° – M 2,60

Heft 2 Prof. D. Dr. OTTO EISSFELDT, Franz Delitzsch und Wolf Graf Baudissin. Dokumente über die Anfänge ihrer Freundschaft aus dem Erlanger Wintersemester 1866/67 1966. 28 Seiten – 21 Tafeln – 8° – M 4,80

Heft 3 Prof. Dr. GERTRUD SCHUBART-FIKENTSCHER, Die Unehelichen-Frage in der Frühzeit der Aufklärung 1967. 216 Seiten – 8° – M 11,30

Heft 4 Prof. Dr. JOHANNES JAHN, Die Problematik der kunstgeschichtlichen Stilbegriffe 1966. 34 Seiten – 8° – M 1,50

Heft 5 Dr. HUGO JEDIG, Laut- und Formenbestand der niederdeutschen Mundart des Altei-Gebietes 1966. 107 Seiten – 8° – M 6,70

Heft 6 Dr. habil WOLFGANG FLEISCHER, Strukturelle Untersuchungen zur Geschichte des Neuhochdeutschen 1966. 120 Seiten – 8° – M 6,–

Band 113

Heft 1 Prof. D. Dr. OTTO EISSFELDT, Die Komposition der Sinai-Erzählung Exodus 19–34 1966. 31 Seiten – 8° – M 2,30

Heft 2 Prof. Dr. EDGAR LEHMANN, Die räumliche Differenzierung der Industrie- und Bevölkerungsagglomeration im Halle–Leipziger Gebiet 1967. 24 Seiten – 8° – M 1,55

Heft 3 Prof. Dr. HANS-JOACHIM DIESNER, Die Auswirkungen der Religionspolitik Thrasamunds und Hilderichs auf Ostgoten und Byzantiner 1967. 23 Seiten – 8° – M 2,30

Heft 4 Prof. Dr. RUDOLF FISCHER / Dr. HANS WALTHER / JOHANNES SCHULTHEIS / Dr. habil. ERNST EICHLER / Dr. KARLHEINZ HENGST / Dr. VINCENT BLANÁR, Leipziger namenkundliche Beiträge II. Mit einer Bibliographie der Leipziger namenkundlichen Arbeitsgruppe (4. Folge) 1968. 102 Seiten – 1 Tabelle – 8° – M 7,20

Heft 5 Prof. D. Dr. SIEGFRIED MORENZ, Die Begegnung Europas mit Ägypten. Mit einem Beitrag von Dr. MARTIN KAISER, Herodots Begegnung mit Ägypten 1968. 247 Seiten – 20 Tafeln mit 38 Abb. – 8° – M 12,50

Band 114

Heft 1 A. N. Radiščev und Deutschland. Beiträge zur russischen Literatur des ausgehenden 18. Jahrhunderts. Redigiert von Dr. ERHARD HEXELSCHNEIDER 1969. 132 Seiten – 8° – M 9,50

Heft 2 Prof. Dr. HERBERT PEUKERT, Ivan Gundulićs „Osman" in Deutschland 1969. 99 Seiten – 8° – M 7,–

Heft 3 Prof. Dr. LIESELOTTE BLUMENTHAL, Schiller und die jungen Dichter 1968. 36 Seiten – 8° – M 2,60

Heft 4 Prof. Dr. JOACHIM MÜLLER, Literarische Analogien in Heinrich von Kleists Novelle „Der Zweikampf" 1969. 56 Seiten – 8° – M 3,40

Heft 5 Prof. Dr. GERTRUD SCHUBART-FIKENTSCHER, Untersuchungen zur Autorschaft von Dissertationen im Zeitalter der Aufklärung 1970. 135 Seiten – 8° – M 9,40

Band 115

Heft 1 Prof. Dr. JOHANNES JAHN, Entwicklungsstufen der Dürerforschung 1971. 19 Seiten – 8° – M 2,–

Heft 2 Prof. Dr. JUSSI ARO, Mittelbabylonische Kleidertexte der Hilprecht-Sammlung Jena, mit einem Anhang: Fünf alt-, mittel- und neubabylonische Texte verschiedenen Inhalts aus der gleichen Sammlung 1970. 42 Seiten – 8° – M 6,50

Heft 3 Prof. Dr. WERNER BAHNER, Die lexikalischen Besonderheiten des Frühromanischen in Südosteuropa 1970. 124 Seiten – 8° – M 9,–

Heft 4 Prof. D. Dr. OTTO EISSFELDT, Adonis und Adonaj
1970. 29 Seiten – 16 Abb. auf 15 Tafeln – 8° – M 6,–

Heft 5 Prof. Dr. RAINER ECKERT, Baltistische Studien. Mit einem Geleitwort von Prof. Dr. RUDOLF FISCHER und einer Bibliographie von Prof. Dr. RAINER ECKERT und Dr. FRIDO MĚTŠK
1971. 102 Seiten – 8° – M 8,50

Heft 6 Prof. Dr. RICHARD HAUSCHILD, Der Missionar P. Heinrich Roth aus Dillingen und die erste europäische Sanskrit-Grammatik 1972. 23 Seiten – 3 Abb. auf 3 Tafeln – 8° – M 3,30

Band 116

Heft 1 Prof. Dr. JOACHIM MÜLLER, Die Gestalt des Kindes und des Jugendlichen in der deutschen Literatur von Goethe bis Thomas Mann 1971. 38 Seiten – 8° – M 2,60

Heft 2 Prof. Dr. HERBERT PEUKERT, Gibt es eine „slawische" Volksdichtung?
1972. 70 Seiten – 8° – M 5,60

Heft 3 Prof. Dr. JOACHIM MÜLLER, Zur Motivstruktur von Goethes „Faust"
1972. 42 Seiten – 8° – M 2,80

Heft 4 Prof. Dr. GERTRUD SCHUBART-FIKENTSCHER, Studienreform. Fragen von Leibniz bis Goethe
1973. 109 Seiten – 8° – M 8,–

Heft 5 Prof. Dr. ERNST WERNER, Ketzer und Weltverbesserer. Zwei Beiträge zur Geschichte Südosteuropas im 13. und 15. Jahrhundert 1974. 57 Seiten – 8° – M 4,50

Heft 6 Prof. Dr. EBERHARD BRÜNING, Die Entwicklung progressiver und sozialistischer Literatur in den USA. Fortschrittliche Schriftstellerorganisationen und ihr Einfluß auf den nationalen Literaturprozeß von 1917 bis 1945 1974. 40 Seiten – 8° – M 3,20

Band 117

Heft 1 Prof. Dr. JOHANNES JAHN, Antike Tradition in der Landschaftsdarstellung bis zum 15. Jahrhundert 1975. 26 Seiten – 23 Abb. auf 21 Tafeln – 8° – M 8,–

Heft 2 Prof. Dr. JOACHIM MÜLLER, „Verwirrung des Gefühls". Der Begriff des „Pathologischen" im Drama Goethes und Kleists. Mit einem Exkurs: Zur dichterischen Pathographie im Drama des 19. Jahrhunderts 1974. 40 Seiten – 8° – M 3,50

Heft 3 Prof. Dr. JOACHIM MÜLLER, Goethes „Campagne in Frankreich". Epochenkritik, Umweltanalyse und Kontraststruktur 1974. 42 Seiten – 8° – M 4,–

Heft 4 Dr. GÜNTER SCHMIDT, Die literarische Rezeption des Darwinismus. Das Problem der Vererbung bei Émile Zola und im Drama des deutschen Naturalismus
1974. 209 Seiten – 1 Ausschlagtafel – 8° – M 13,–

Heft 5 Prof. Dr. ERNST WERNER, Häresie und Gesellschaft im 11. Jahrhundert
1975. 83 Seiten – 8° – M 6,–

Band 118

Heft 1 Prof. Dr. RUDOLF GROSSE, Dr. SIEGFRIED BLUM, Dr. HEINRICH GÖTZ, Beiträge zur Bedeutungserschließung im althochdeutschen Wortschatz *In Vorbereitung*

Heft 2 Prof. Dr. ROLF LIEBERWIRTH, Die historische Entwicklung der Theorie vom vertraglichen Ursprung des Staates und der Staatsgewalt *Vorliegendes Heft*

Heft 3 Prof. Dr. JOACHIM MÜLLER, Thomas Manns Künstlertum und Humanitätsgewissen
1976. 27 Seiten – 8° – M 2,50

Heft 4 Prof. Dr. HANS HIEBSCH, Wilhelm Wundt und die Anfänge der experimentellen Psychologie
1977. 22 Seiten – 8° – M 2,50

Heft 5 Prof. Dr. ERNST WERNER, Stadtluft macht frei. Frühscholastik und bürgerliche Emanzipation in der ersten Hälfte des 12. Jahrhunderts 1976. 96 Seiten – 8° – M 8,–

Einzel- oder Fortsetzungsbestellungen durch eine Buchhandlung erbeten

Sitzungsberichte bis Band 110
durch das Zentralantiquariat der Deutschen Demokratischen Republik, Leipzig
ab Band 111 durch den Akademie-Verlag, Berlin, zum Teil noch lieferbar

AKADEMIE-VERLAG
DDR-108 Berlin, Leipziger Str. 3–4

FSC
www.fsc.org
MIX
Papier | Fördert
gute Waldnutzung
FSC® C083411

Kolibri 360 GmbH
Ferdinand-Jühlke-Straße 7
99095 Erfurt, Deutschland
produktsicherheit@kolibri360.de